# 新しい
# 空港経営の可能性

LCCの求める空港とは

野村 宗訓［編著］

関西学院大学出版会

# 新しい空港経営の可能性

## ＬＣＣの求める空港とは

# 目次

## 第3章　アジアにおける航空競争の将来　篠辺　修　57

# 第1章 新しい空港経営の可能性

野村 宗訓

## 1 航空自由化とＬＣＣの躍進

航空自由化以降、フルサービスを提供するレガシー・キャリアは従来からの路線見直しや、グローバル・アライアンスへの加盟などにより、効率的な運営を図る努力を進めています。世界的に航空需要が低迷する中で、競争が激化してきたために、レガシー・キャリアは関連事業の分離や雇用形態の見直しを進め、経営戦略上、徹底したコスト削減を追求している状況です。使用する機材に関しては、一般的には大型機から中型機にシフトする傾向が強いのですが、利用者を惹きつける点から、中古機ではなく新造機を投入するため、投資額も相当額に及びます。

自由化の恩恵により、格安運賃によって需要をつかむロー・コスト・キャリア（ＬＣＣ）が欧米を中心に台頭してきました。アメリカのSouthwestが最も有名ですが、欧州ではeasyJetとRyanairが代表的な存在となっています。ＬＣＣは「ノー・フリル・キャリア」「バジェット・エアライン」と呼ばれることもありますが、多くの路線に就航しています。その経営上の特徴として以下のような点があげられます。

①使用機材をエアバス３２０やボーイング７３７の中型機に特化している。
②セカンダリー空港や地方空港を利用し、機材の利用頻度を高める。
③乗り継ぎ便のない、ポイント・トゥ・ポイントの運航を基本とする。
④ビジネスクラスを設定せず、エコノミークラスに一本化している。
⑤人件費削減の観点から、チェックインは機械により対応する。
⑥座席指定は行わず、自由席とする。
⑦ドリンクやスナックは有料販売とする。

⑧機内持ち込み手荷物に制限を加える。
⑨弾力的な運賃の設定を行う。
⑩折り返しに要する時間を三〇分程度とする。

アメリカのＬＣＣは国内線を中心にしていますが、欧州では国内線に加え、国際線も一般的になっています。共通しているのは、長距離便ではなく、フライトが四時間程度の中近距離便を中心としている点です。機材は中型機に特化していますが、高いロード・ファクター（搭乗率）を維持して、収益性を維持する行動をとっています。表1からわかるように、旅客者数では、easyJet、Ryanair、Southwest の三社は世界の上位に入りますが、飛行距離が短いために、表2の通り、旅客キロではレガシーと比較して、必ずしも優位な立場にあるわけではありません。

キャリア間の競争は利用者に運賃低下をもたらしていますが、空港経営の側から見ると不確実性が増加したことになります。レガシーに代わってＬＣＣが空港の利用頻度を高めれば、採算性に問題は起きないのですが、ＬＣＣが就航しない場合には赤字増大になる危険性があります。また、たとえＬＣＣが参入したとしても、結果的に採算性が悪い場合は、短期間のうちに退出することがあります。

わが国では欧米と異なり、ＬＣＣが定着していなかったために、二〇一〇年の日本航空（ＪＡＬ）の経営破綻によって、空港関係者の受けたダメージは大きかったと思います。一一年に全日本空輸（ＡＮＡ）が香港の金融会社と共同でＬＣＣを新設することを決定し、その後、Air Asiaとの共同で新会社を設立することになったので、期待が膨らんでいる面もあります。また、ＪＡＬも三菱商事と協力して、オーストラリアのカンタス航空の子会社であるJetstarと新たなＬＣＣを設立する方針を公表しています。

ＬＣＣは一般的に、大都市圏近郊のセカンダリー空港や発着枠に余裕のある地方空港を活用して、意欲的に新路線を開拓しています。また、従来とは異なる需要層を発掘し、新たな航空需要を作り出す力を持っています。ＬＣＣは参入・退出を自由に展開する戦略を追求していますが、一つの空港に複数のＬＣＣが存在すれば、退出時のダメージは軽減できます。今後、わが国でもＬＣＣが路線数を増やすことにより、空港経営が安定化すると考えられます。そのためには、空港会社がＬＣＣ誘致の視点から、柔軟な施設使用料を提示することも重要です。

**表1　定期便　旅客者数（2010年、イタリックはLCC）**

| 国際線 | | |
|---|---|---|
| 順位 | 航空会社 | 千人 |
| 1 | *Ryanair* | 71,229 |
| 2 | Lufthansa | 44,460 |
| 3 | *easyJet* | 37,665 |
| 4 | Air France | 30,882 |
| 5 | Emirates | 30,848 |
| 6 | British Airways | 26,320 |
| 7 | KLM | 22,787 |
| 8 | Delta Air Lines | 21,029 |
| 9 | American Airlines | 20,356 |
| 10 | Cathay Pacific Airways | 19,723 |

| 国内線 | | |
|---|---|---|
| 順位 | 航空会社 | 千人 |
| 1 | *Southwest Airlines* | 106,228 |
| 2 | Delta Air Lines | 90,130 |
| 3 | China Southern Airlines | 71,158 |
| 4 | American Airlines | 65,773 |
| 5 | US Airways | 45,530 |
| 6 | United Airlines | 44,390 |
| 7 | China Eastern Airlines | 42,754 |
| 8 | Air China | 39,846 |
| 9 | All Nippon Airways | 38,907 |
| 10 | Qantas Airways | 31,288 |

| 国際線・国内線　合計 | | |
|---|---|---|
| 順位 | 航空会社 | 千人 |
| 1 | Delta Air Lines | 111,159 |
| 2 | *Southwest Airlines* | 106,228 |
| 3 | American Airlines | 86,129 |
| 4 | China Southern Airlines | 76,078 |
| 5 | *Ryanair* | 71,229 |
| 6 | Lufthansa | 56,693 |
| 7 | United Airlines | 54,015 |
| 8 | US Airways | 51,814 |
| 9 | China Eastern Airlines | 50,336 |
| 10 | Air France | 47,029 |

（資料）IATA公表データに基づき筆者作成。

**表 2　定期便　旅客キロ（2010 年、イタリックは LCC）**

| 国際線 | | |
|---|---|---|
| 順位 | 航空会社 | 百万 |
| 1 | Emirates | 143,660 |
| 2 | Lufthansa | 124,614 |
| 3 | Delta Air Lines | 119,055 |
| 4 | Air France | 115,837 |
| 5 | British Airways | 103,095 |
| 6 | Cathay Pacific Airways | 87,332 |
| 7 | Singapore Airlines | 84,911 |
| 8 | *Ryanair* | 81,890 |
| 9 | American Airlines | 80,531 |
| 10 | KLM | 76,065 |

| 国内線 | | |
|---|---|---|
| 順位 | 航空会社 | 百万 |
| 1 | Delta Air Lines | 147,935 |
| 2 | *Southwest Airlines* | 125,581 |
| 3 | American Airlines | 121,350 |
| 4 | China Southern Airlines | 95,609 |
| 5 | United Airlines | 91,938 |
| 6 | US Airways | 70,553 |
| 7 | Continental Airlines | 65,162 |
| 8 | Air China | 54,284 |
| 9 | China Eastern Airlines | 49,959 |
| 10 | *JetBlue* | 38,863 |

| 国際線・国内線　合計 | | |
|---|---|---|
| 順位 | 航空会社 | 百万 |
| 1 | Delta Air Lines | 266,990 |
| 2 | American Airlines | 201,881 |
| 3 | United Airlines | 164,662 |
| 4 | Emirates | 143,660 |
| 5 | Lufthansa | 129,671 |
| 6 | Continental Airlines | 128,141 |
| 7 | *Southwest Airlines* | 125,581 |
| 8 | Air France | 125,173 |
| 9 | China Southern Airlines | 110,545 |
| 10 | British Airways | 105,554 |

（資料）IATA 公表データに基づき筆者作成。

## 2　多様化する空港ビジネス

わが国では戦後、空港整備特別会計に基づき、全国に空港が建設されてきましたが、現在、九八空港が存在します。所有形態の観点から、会社管理・国管理・特別地方管理・地方管理・共用空港というカテゴリーに分類できます。会社管理の成田・中部・関西の三空港については、滑走路を中心とする基本施設とターミナルビルやパーキングなどの商業施設が一体化されています。このような空港の運営形態は「上下一体化」と呼ばれます。また、会社管理以外の多くの空港においては、基本施設と商業施設が分離された状態で運営されています。公的な管理は「下」の基本施設に限定され、「上」のターミナルビルやパーキングについては、民間企業を中心とする第三セクターが経営しています。

世界的に空港経営は、基本施設と商業施設が同一組織によって一体化された状態で経営されるのが一般的です。所有権に関しては、国や地方自治体など公的な主体が大部分を占めていますが、公益事業の民営化に伴い、株式売却やコンセッションなどの手法を通して、民間企業の関与が高くなってきました。空港経営に関するＰＰＰ（官民連携）については、表３のように示すことができ

**表３　PPP（官民連携）の概念整理**

| | 資産所有権 | 運営・維持 | 資本投資 | 営業リスク | 契約期間 |
|---|---|---|---|---|---|
| サービス契約 | 公的組織 | 公／民 | 公的組織 | 公的組織 | 1～2年 |
| マネジメント契約 | 公的組織 | 民間企業 | 公的組織 | 公的組織 | 3～5年 |
| リース（アフェルマージュ） | 公的組織 | 民間企業 | 公的組織 | 公／民 | 8～15年 |
| BOT | 民間企業 | 民間企業 | 民間企業 | 民間企業 | 20～30年 |
| コンセッション | 公的組織 | 民間企業 | 民間企業 | 民間企業 | 25～30年 |
| ダイベスティチャー（株式売却） | 民間企業 | 民間企業 | 民間企業 | 民間企業 | 期限なし |

（資料）International Development Research Centre（IDRC）公表資料に基づき筆者作成。

ます。部分的な業務委託であるサービス契約から、株式売却を通した民営化に至るまで、多様な手法が含まれますが、すべてを包括して広義のＰＰＰと理解することも可能です。

個別空港の所有構造に着目すると、株式会社か否かという点から整理できます。更に、株式会社である場合に、株式を保有する親会社が公的組織か民間企業かという区分が可能であり、それぞれの所有比率を見ることができます。関与する主体が何社なのかという点も、経営上のガバナンスを観察する際に重要となってきます。また、株主として他国企業や投資ファンド、インフラ・ファンドが大きなウェイトを占めているのか否かという点も、しばしば論点になります。

一九八〇年代から民営化を推進してきたイギリスでは、競争政策当局（Office of Fair Trading）は、空港経営に関する所有上の分類として、以下のように整理しています。個人経営（Individuals）、インフラ・ファンド（Infrastructure fund）、投資ファンド（Investment fund）、プライベート・エクイティ（Private equity）、年金ファンド（Pension fund）、公開株式会社（Plc shareholders）、公的組織（Public institution）、政府系ファンド（Sovereign wealth fund）。

個別空港の経営に関して、実に多様なタイプが見られます。例えば、地方自治体による複数空港の運営、公的組織と民間企業の共有、外国企業だけによる所有、複数国の企業の関与、他国空港会社の参画など、必ずしも画一的な所有構造になってはいません。転売によって所有者の変更が起きたケースや、繰り返し起きているケースもあります。外国企業の関与は、オーストラリア・カナダ・スイス・デンマーク・スペイン・韓国・ルクセンブルク・オランダ・ニュージーランド・シンガポール・アラブ首長国連邦・イギリス・アメリカと、欧州に限定されているわけではなく、世界全体に及んでいます。

## 3　日英の空港規模と特性比較

わが国で最も乗降客数の多い空港は東京国際（羽田）で、イギリスのヒースロー空港とほぼ同じ規模です。二〇一〇年一〇月から国際線を復活させましたが、それまでは基本的に国内線中心の空港でした。日英の空港規模を比較した表4から明らかなように、両国の上位二〇空港あたりまでは、類似した規模となっています。しかし、五〇位で比較すると、日本が約二〇万人であるのに対して、イギリスは一〇〇人程度で大きな格差があります。

一見すると、イギリスの空港は小規模すぎて経営が成り立たないように思えます。また、わが国には一〇〇近くの空港がありながらも、中位の地方空港でも二〇万人もの規模を維持できているので、経営上の問題はないように見えます。しかし、経営の実態を精査すると、イギリスの空港は大きな問題をかかえているところは少なく、逆にわが国の地方空港は赤字経営に苦しんでいるところが多いのが実情です。

実は、わが国の空港で国際線比率が高いのは、成田・関空・中部の三空港だけで、それ以外で一〇％を超えるのは、福岡・岡山・富山・新潟・福島です（二〇〇八年時点）。つまり、多くの国際線キャリアが就航している空港が少なく、ほとんどが国内線のみで、限られたキャリアしか利用していません。それに対して、表5からイギリスの五〇空港のうち、ほとんどが欧州線に高いウェイトを置いている点が明白になります。

近年、成田・関空・中部の三空港にもアジアのＬＣＣが就航していますが、それ以外のほとんど

**表4　日英主要空港の規模比較（イギリス：2009年、日本：2008年）**

| 順位 | 空港名 | 複数一括 | 合計（千人） | 旅客数の規模 イギリス | 旅客数の規模 日本 | 順位 | 空港名 | 管理 | 合計（千人） |
|---|---|---|---|---|---|---|---|---|---|
| 1 | Heathrow | ★ | 65,906 | 6,600万 | 6,600万 | 1 | 東京国際 | 国 | 66,735 |
| 2 | Gatwick | ◎ | 32,360 | | | 2 | 成田国際 | 会社 | 30,431 |
| 3 | Stansted | ★ | 19,949 | | | 3 | 新千歳 | 国 | 17,656 |
| 4 | Manchester | □ | 18,630 | | | 4 | 福岡 | 国 | 17,291 |
| 5 | Luton | ▲ | 9,115 | 1,000万 | | 5 | 関西国際 | 会社 | 15,755 |
| 6 | Birmingham | ⇔ | 9,093 | | | 6 | 大阪国際 | 国 | 15,632 |
| 7 | Edinburgh | ★ | 9,043 | | | 7 | 那覇 | 国 | 15,173 |
| 8 | Glasgow | ★ | 7,213 | | 1,000万 | 8 | 中部国際 | 会社 | 10,994 |
| 9 | Bristol | ● ⇔ | 5,615 | | 500万 | 9 | 鹿児島 | 国 | 5,539 |
| 10 | Liverpool John Lennon | △ | 4,879 | 500万 | | 10 | 広島 | 国 | 3,188 |
| 11 | East Midlands | □ | 4,652 | | | 11 | 熊本 | 国 | 3,107 |
| 12 | Newcastle Intl. | ● | 4,568 | | | 12 | 仙台 | 国 | 3,049 |
| 13 | Belfast Intl. | ▲ | 4,536 | | 300万 | 13 | 宮崎 | 国 | 2,992 |
| 14 | Aberdeen | ★ | 2,983 | 300万 | | 14 | 神戸 | 地方 | 2,706 |
| 15 | London City | ◎ | 2,796 | | | 15 | 松山 | 国 | 2,574 |
| 16 | Belfast City (George Best) | | 2,621 | | | 16 | 長崎 | 国 | 2,524 |
| 17 | Leeds Bradford | | 2,552 | | | 17 | 小松 | 共用 | 2,411 |
| 18 | Prestwick | // | 1,817 | | | 18 | 石垣 | 地方 | 1,865 |
| 19 | Southampton | ★ | 1,789 | | | 19 | 大分 | 国 | 1,757 |
| 20 | Cardiff Wales | ▲ | 1,624 | | | 20 | 函館 | 国 | 1,743 |
| 21 | Jersey | | 1,460 | 100万 | | 21 | 高松 | 国 | 1,487 |
| 22 | Guernsey | | 902 | | | 22 | 岡山 | 地方 | 1,441 |
| 23 | Bournemouth | □ | 868 | | | 23 | 高知 | 国 | 1,335 |
| 24 | Robin Hood Doncaster Sheffield | △ | 834 | | | 24 | 旭川 | 特地 | 1,320 |
| 25 | Exeter | § | 789 | | | 25 | 北九州 | 国 | 1,237 |
| 26 | Isle of Man | | 707 | | | 26 | 秋田 | 特地 | 1,206 |
| 27 | Inverness | ◇ | 583 | | | 27 | 青森 | 地方 | 1,161 |
| 28 | Norwich | | 429 | | | 28 | 富山 | 地方 | 1,155 |
| 29 | Newquay | | 347 | | | 29 | 宮古 | 地方 | 1,096 |
| 30 | City of Derry (Eglinton) | § | 345 | | 100万 | 30 | 新潟 | 国 | 1,095 |
| 31 | Humberside | □ | 335 | | | 31 | 女満別 | 地方 | 917 |
| 32 | Durham Tees Valley | △ | 288 | | | 32 | 山口宇部 | 特地 | 872 |
| 33 | Blackpool | § | 276 | | | 33 | 徳島 | 共用 | 830 |
| 34 | Scatsta | | 269 | | | 34 | 釧路 | 国 | 804 |
| 35 | Sumburgh | ◇ | 139 | | | 35 | 出雲 | 地方 | 763 |
| 36 | Kirkwall | ◇ | 138 | | | 36 | 帯広 | 特地 | 620 |
| 37 | Stornoway | ◇ | 122 | | 50万 | 37 | 奄美 | 地方 | 557 |
| 38 | Plymouth | | 115 | 10万 | | 38 | 美保 | 共用 | 490 |
| 39 | Dundee | ◇ | 72 | | | 39 | 福島 | 地方 | 479 |
| 40 | Wick | ◇ | 21 | | | 40 | 名古屋 | 他 | 414 |
| 41 | Gloucestershire | | 20 | | | 41 | 庄内 | 地方 | 403 |
| 42 | Campbeltown | ◇ | 9 | 1万 | | 42 | 花巻 | 地方 | 371 |
| 43 | Kent Intl. | // | 5 | | | 43 | 札幌 | 共用 | 357 |
| 44 | Southend | # | 3 | | | 44 | 鳥取 | 地方 | 314 |
| 45 | Lerwick (Tingwall) | | 4 | | | 45 | 佐賀 | 地方 | 291 |
| 46 | Cambridge | | 1 | | | 46 | 対馬 | 地方 | 277 |
| 47 | Oxford (Kidlington) | | 1 | | | 47 | 三沢 | 共用 | 269 |
| 48 | Shoreham | | 1 | 1千 | | 48 | 久米島 | 地方 | 249 |
| 49 | Lydd | | 0.5 | | 20万 | 49 | 八丈島 | 地方 | 208 |
| 50 | Coventry | | 0.1 | | | 50 | 稚内 | 国 | 197 |
| | City Airport Manchester | △ | n.a. | | | 51 | 山形 | 特地 | 191 |
| | Benbecula | ◇ | n.a. | | | 52 | 中標津 | 地方 | 180 |
| | Islay | ◇ | n.a. | | | 53 | 能登 | 地方 | 170 |
| | Barra | ◇ | n.a. | | | 54 | 屋久島 | 地方 | 157 |
| | Tiree | ◇ | n.a. | | | 55 | 福江 | 地方 | 149 |
| | Carlisle | # | n.a. | | | | | | |
| | Isles of Scilly (St. Marys) | ＊ | n.a. | | | | | | |
| | Penzance Heliport | ＊ | n.a. | | | | | | |
| | Isles of Scilly (Tresco) | ＊ | n.a. | | | | | | |

（資料）CAA及び国土交通省から公表されているデータに基づき筆者作成。

## 表5　イギリス主要空港の内際別 乗降客数比率（2009年）

| 順位 | 空港 | 内訳 | | | | | |
|---|---|---|---|---|---|---|---|
| | | 国内線 | | 国際線 | | | |
| | | 英国内 | | EU加盟国 | | その他 | |
| | | 定期便 | チャーター便 | 定期便 | チャーター便 | 定期便 | チャーター便 |
| 1 | Heathrow | 8.0% | 0.0% | 32.6% | 0.0% | 59.4% | 0.0% |
| 2 | Gatwick | 11.3% | 0.0% | 47.7% | 10.5% | 21.5% | 9.0% |
| 3 | Stansted | 9.5% | 0.0% | 81.3% | 2.4% | 6.0% | 0.9% |
| 4 | Manchester | 13.7% | 0.0% | 35.8% | 19.2% | 18.5% | 12.7% |
| 5 | Luton | 12.9% | 0.0% | 73.4% | 4.0% | 8.9% | 0.8% |
| 6 | Birmingham | 14.5% | 0.0% | 51.2% | 15.6% | 12.1% | 6.6% |
| 7 | Edinburgh | 54.2% | 0.0% | 38.5% | 1.7% | 5.0% | 0.5% |
| 8 | Glasgow | 52.5% | 0.0% | 18.7% | 14.3% | 8.8% | 5.6% |
| 9 | Bristol | 19.7% | 0.0% | 58.8% | 12.0% | 4.9% | 4.5% |
| 10 | Liverpool John Lennon | 16.4% | 0.0% | 78.3% | 0.7% | 4.3% | 0.2% |
| 11 | East Midlands | 13.6% | 0.0% | 58.6% | 18.6% | 2.6% | 6.6% |
| 12 | Newcastle Intl. | 30.8% | 0.1% | 36.4% | 20.8% | 5.1% | 6.8% |
| 13 | Belfast Intl. | 63.2% | 0.0% | 23.2% | 8.0% | 3.1% | 2.4% |
| 14 | Aberdeen | 51.8% | 5.1% | 19.4% | 1.2% | 6.5% | 16.0% |
| 15 | London City | 21.2% | 0.0% | 52.4% | 0.0% | 26.4% | 0.0% |
| 16 | Belfast City(George Best) | 97.9% | 0.0% | 1.5% | 0.4% | 0.0% | 0.1% |
| 17 | Leeds Bradford | 17.8% | 0.0% | 67.8% | 8.0% | 4.4% | 2.1% |
| 18 | Prestwick | 25.3% | 0.0% | 71.6% | 0.2% | 2.9% | 0.1% |
| 19 | Southampton | 61.8% | 0.1% | 36.3% | 0.9% | 0.9% | 0.0% |
| 20 | *Cardiff Wales* | 22.9% | 0.2% | 33.9% | *34.6%* | 1.6% | 6.9% |
| 21 | Jersey | 94.8% | 0.1% | 2.9% | 1.3% | 0.9% | 0.0% |
| 22 | Guernsey | 97.8% | 0.1% | 0.9% | 0.5% | 0.7% | 0.0% |
| 23 | Bournemouth | 14.3% | 0.0% | 55.0% | 24.8% | 3.2% | 2.7% |
| 24 | *Robin Hood Doncaster Sheffield* | 4.6% | 0.0% | 43.4% | *42.4%* | 2.6% | 7.1% |
| 25 | Exeter | 39.4% | 0.0% | 30.5% | 25.6% | 1.4% | 3.1% |
| 26 | Isle of Man | 94.5% | 0.1% | 4.9% | 0.3% | 0.3% | 0.0% |
| 27 | Inverness | 98.7% | 0.1% | 0.8% | 0.4% | 0.0% | 0.0% |
| 28 | Norwich | 37.7% | 0.1% | 28.6% | 13.5% | 0.3% | 19.8% |
| 29 | Newquay | 89.6% | 0.1% | 9.7% | 0.1% | 0.0% | 0.6% |
| 30 | City of Derry（Eglinton） | 87.1% | 0.1% | 10.0% | 2.8% | 0.0% | 0.0% |
| 31 | Humberside | 10.3% | 0.2% | 36.1% | 26.8% | 0.0% | 26.6% |
| 32 | Durham Tees Valley | 16.0% | 0.2% | 63.6% | 13.0% | 0.0% | 7.2% |
| 33 | Blackpool | 20.3% | 0.2% | 72.0% | 0.4% | 0.8% | 6.1% |
| 34 | *Scatsta* | 0.0% | *53.0%* | 0.0% | 0.0% | 0.0% | *47.0%* |
| 35 | Sumburgh | 95.0% | 2.4% | 0.0% | 0.0% | 1.0% | 1.5% |
| 36 | Kirkwall | 99.3% | 0.0% | 0.0% | 0.0% | 0.6% | 0.0% |
| 37 | Stornoway | 99.9% | 0.0% | 0.0% | 0.1% | 0.0% | 0.0% |
| 38 | Plymouth | 95.6% | 0.0% | 4.4% | 0.0% | 0.0% | 0.0% |
| 39 | Dundee | 99.9% | 0.1% | 0.0% | 0.0% | 0.0% | 0.0% |
| 40 | Wick | 99.0% | 0.5% | 0.0% | 0.2% | 0.0% | 0.3% |
| 41 | Gloucestershire | 99.7% | 0.0% | 0.0% | 0.3% | 0.0% | 0.0% |
| 42 | Campbeltown | 99.8% | 0.1% | 0.0% | 0.1% | 0.0% | 0.0% |
| 43 | *Kent Intl.* | 30.0% | 2.1% | 4.6% | *36.4%* | 0.0% | 26.9% |
| 44 | Southend | 72.4% | 0.0% | 27.1% | 0.0% | 0.6% | 0.0% |
| 45 | Lerwick（Tingwall） | 99.0% | 0.0% | 0.0% | 0.0% | 0.0% | 1.0% |
| 46 | *Cambridge* | 0.0% | 7.0% | 0.0% | *45.6%* | 0.0% | *47.4%* |
| 47 | *Oxford（Kidlington）* | 0.0% | *66.5%* | 0.0% | 23.6% | 0.0% | 9.9% |
| 48 | *Shoreham* | 0.0% | *34.5%* | 8.7% | *56.7%* | 0.0% | 0.0% |
| 49 | Lydd | 10.0% | 0.0% | 90.0% | 0.0% | 0.0% | 0.0% |
| 50 | *Coventry* | 0.0% | 0.0% | 0.0% | *87.4%* | 0.0% | 12.6% |

（注）CAAデータに基づき筆者作成。33.3%以上について、網掛けで表示。
チャーター便の依存度が高いところは、イタリック。

が長距離路線のキャリアです。それとは対照的に、イギリスの空港のなかで、欧州以外の「その他」国際線の比率が三分の一を超えているのは、唯一、ヒースローだけです。これは全体から見ると、例外的な存在であることがわかります。また、国内線の比率が高いところは、地理的にエッジに立っているスコットランド北西部や北アイルランドの空港と、英国王室領に立地するリゾート地の空港です。

日英間で異なる点はチャーター便の普及度合いにも見られます。これはホリデーの過ごし方や旅行エージェントの商品の違いによって影響を受けていると思われます。イギリス特有の事情から、特定の空港が北海油田の海上基地と結ばれているということも関係しているようです。また、航空機研究の組織が拠点としている空港もあります。定期便の増大が期待できない点から、チャーター便の誘致なども考慮されますが、イギリスでは歴史的に発達してきたと言えるでしょう。

もう一つ日英で比較する時に気づくのは、わが国では「共用」空港という概念を使用しているところです。イギリスでは、いくつかの軍用空港が民営化され、地方経済の活性化に寄与しています。リバプール・「ジョン・レノン」空港やドンカスター・「ロビン・フッド」・シェフィールド空港が好例です。これらは現在、民間の空港会社として運営されていますが、ネーミングに工夫を凝らしたマーケティング戦略で、国籍や年齢を超えて利用者を惹きつけている点からも注目を集めています。

## 4　英国の複数空港一括運営

表4の「複数一括」という欄にマークを記しているところがあります。実はイギリスの空港運営では、単独の空港を経営している会社の方が珍しいくらいです。ランキングで五〇位にも入らない下位の空港であっても、複数一括のもとで運営されている空港があります。複数一括運営を行う空港会社は、左記の通り一二のグループに整理できます。親会社や所有比率、国籍、所有形態についての詳細は、表6のようになります。

Ⅰ BAA（Ferrovial etc.）★
Ⅱ London City Airport/ GIP（GE・CS）◎
Ⅲ Manchester Airports Group □
Ⅳ Luton/ TBI/ ACDL（abertis・Aena）▲
Ⅴ Peel Airports △
Ⅵ Highlands and Islands Airports Limited ◇
Ⅶ Ontario Teachers' Pension Plan ⇕

Ⅷ Macquarie Group ●
Ⅸ Infratil //
Ⅹ Balfour Beatty §
Ⅺ Matrix Private Equity Partners ＊
Ⅻ Stobart Group ♯

特定グループに属している空港であっても、株式売買を通して変動しますので、固定的というわけではありません。また、グループ自体が存続するかどうかも流動的な性格を帯びています。特に、ⅦやⅧについては、過去の行動から短期的な利益の獲得を目的として株式を保有していると判断できます。代表的なグループに関しては、グラハム先生の第２章で触れられますので、ここでは割愛します。

複数一括空港の運営を視覚的に理解するために、図１に各グループの空港をマップ上にプロットしてみました。また、傘下にある空港の規模をランキング順位で示しています。「■」は五〇位に入らない空港であることを表しています。

国内線に慣れている我々にとっては、各グループが国内空港間の路線充実を図っているのだろ

| 所有者・親会社 | 所有比率(%) | 国籍 | 所有形態 |
|---|---|---|---|
| Ferrovial, S.A. | 56.00 | ES | PLC |
| *Caisse de dépôt et placement du Québec* | *26.00* | *CA* | *IVF* |
| *Government of Singapore Investment Corporation Private Ltd.* | *18.00* | *SG* | *SWF* |
| *Global Infrastructure Partners (GE・CS)* | *60.00* | *US/CH* | *IFF* |
| *Abu Dhabi Investment Authority* | *15.00* | *UAE* | *SWF* |
| *California Public Employees' Retirement System* | *13.00* | *US* | *PSF* |
| *National Pension Service of South Korea* | *12.00* | *KR* | *PSF* |
| *Global Infrastructure Partners (GE・CS)* | *75.00* | *US/CH* | *IFF* |
| *Highstar Capital* | *25.00* | *US* | *PEQ* |
| Manchester Airports Group plc | 100.00 | UK | PIN |
| Manchester Airports Group plc | 100.00 | UK | PIN |
| Manchester Airports Group plc | 100.00 | UK | PIN |
| Manchester Airports Group plc | 82.70 | UK | PIN |
| North Lincolnshire District council | 17.30 | UK | PIN |
| London Borough Council …concession by ACDL | 100.00 | UK | PIN |
| Concession to ACDL…abertis Infraestructuras, S.A. | 90.00 | ES | PLC |
| Concession to ACDL …Aena | 10.00 | ES | PIN |
| abertis Infraestructuras, S.A. | 90.00 | ES | PLC |
| Aena | 10.00 | ES | PIN |
| abertis Infraestructuras, S.A. | 90.00 | ES | PLC |
| Aena | 10.00 | ES | PIN |
| Peel Holdings Ltd. | 35.00 | UK | IDV |
| Vancouver Airport Authority (YVR) | 32.50 | CA | PIN |
| *Citi Infrastructure Investors* | *32.50* | *UK* | *IFF* |
| Peel Holdings Ltd. | 35.00 | UK | IDV |
| Vancouver Airport Authority (YVR) | 32.50 | CA | PIN |
| *Citi Infrastructure Investors* | *32.50* | *UK* | *IFF* |
| Peel Holdings Ltd. | 26.25 | UK | IDV |
| Vancouver Airport Authority (YVR) | 24.38 | CA | PIN |
| *Citi Infrastructure Investors* | *24.38* | *UK* | *IFF* |
| Durham and other local authorities | 25.00 | UK | PIN |
| Scottish Ministers | 100.00 | UK | PIN |

**表6　イギリス主要空港会社の所有状況**

| 空港会社 | 個別空港 |
|---|---|
| Ⅰ BAA (Ferrovial etc.) ★ | ① Heathrow |
| | ③ Stansted |
| | ⑦ Edinburgh |
| | ⑧ Glasgow |
| | ⑭ Aberdeen |
| | ⑲ Southampton |
| Ⅱ London City Airport/ GIP (GE・CS) ◎ | ② Gatwick |
| | ⑮ London City |
| Ⅲ Manchester Airports Group □ | ④ Manchester |
| | ⑪ East Midlands |
| | ㉓ Bournemouth |
| | ㉛ Humberside |
| Ⅳ Luton/ TBI/ ACDL (abertis・Aena) ▲ | ⑤ Luton |
| | ⑬ Belfast Intl. |
| | ⑳ Cardiff Wales |
| Ⅴ Peel Airports △ | ⑩ Liverpool John Lennon |
| | ㉔ Robin Hood Doncaster Sheffield |
| | ㉜ Durham Tees Valley |
| Ⅵ Highlands and Islands Airports Limited ◇ | ㉗ Inverness |
| | ㉟ Sumburgh |
| | ㊱ Kirkwall |
| | ㊲ Stornoway |
| | ㊴ Dundee |
| | ㊵ Wick |
| | ㊷ Campbeltown |
| | Benbecula |
| | Islay |
| | Barra |
| | Tiree |

| 所有者・親会社 | 所有比率(%) | 国籍 | 所有形態 |
|---|---|---|---|
| West Midlands local authority councils | 49.00 | UK | PIN |
| *Ontario Teachers' Pension Plan* | *28.65* | *CA* | *PSF* |
| *Victorian Funds Management Corporation* | *19.60* | *AU* | *IVF* |
| Employee share ownership | 2.75 | UK | |
| *Macquarie European Infrastructure Fund I* | *50.00* | *AU* | *IFF* |
| *Ontario Teachers' Pension Plan* | *49.00* | *CA* | *PSF* |
| Macquarie Group | 1.00 | AU | PLC |
| *Macquarie European Infrastructure Fund I* | *50.00* | *AU* | *IFF* |
| *Ontario Teachers' Pension Plan* | *49.00* | *CA* | *PSF* |
| Macquarie Group | 1.00 | AU | PLC |
| Newcastle Airport Local Authority Holding Company Ltd. | 51.00 | UK | PIN |
| Copenhagen Airports …Macquarie | 49.00 | DK | PLC |
| Infratil | 100.00 | NZ | PLC |
| Infratil | 100.00 | NZ | PLC |
| Balfour Beatty plc | 60.00 | UK | PLC |
| *Galaxy S.ar.L* | *40.00* | *LU* | *IVF* |
| Derry City Council …concession by CODA (Operations) Ltd. and Balfour Beatty Group | 100.00 | UK | PIN |
| CODA (Operations) Ltd. and Balfour Beatty Group | | UK | |
| Balfour Beatty plc | 95.00 | UK | PLC |
| Blackpool Council | 5.00 | UK | PIN |
| Council of the Isles of Scilly | | UK | PIN |
| *Matrix Private Equity Partners* | n.a. | *UK* | *PEQ* |
| *Matrix Private Equity Partners* | n.a. | *UK* | *PEQ* |
| Stobart Group Ltd. | n.a. | UK | PLC |
| Stobart Group Ltd. | n.a. | UK | PLC |
| *EISER Global Infrastructure Fund* | *100.00* | *UK* | *IFF* |
| *Bridgepoint Capital Group Ltd.* | *100.00* | *UK* | *PEQ* |
| Caledonia Investments plc. | 27.00 | UK | PLC |
| *Penta Capital* | *27.00* | *UK* | *PEQ* |
| Investors | 26.00 | | |
| Norwich City Council and Norwich County Council | 20.00 | UK | PIN |
| Cornwall City Council | 100.00 | UK | PIN |

| 空港会社 | 個別空港 |
|---|---|
| Ⅶ Ontario Teachers' Pension Plan ⇔ | ⑥ Birmingham |
| | ⑨ Bristol |
| Ⅷ Macquarie Group ● | ⑨ Bristol |
| | ⑫ Newcastle Intl. |
| Ⅸ Infratil ∥ | ⑱ Prestwick |
| | ㊸ Kent Intl. |
| Ⅹ Balfour Beatty § | ㉕ Exeter |
| | ㉚ City of Derry (Eglinton) |
| | ㉝ Blackpool |
| Ⅺ Matrix Private Equity Partners ＊ | Isles of Scilly (St. Marys) |
| | Penzance Heliport |
| | Isles of Scilly (Tresco) |
| Ⅻ Stobart Group # | ㊹ Southend |
| | Carlisle |
| その他・独立系 | ⑯ Belfast City (George Best) |
| | ⑰ Leeds Bradford |
| | ㉘ Norwich |
| | ㉙ Newquay |

(注) 1　CAA、OFT、その他資料に基づき筆者作成。
2　イタリックは広義の投資ファンドを意味する。網掛けについては、組織形態はファンドではないが、ファンドと協力を強化している企業。
3　国籍は以下の通り。AU:オーストラリア、CA:カナダ、CH:スイス、DK:デンマーク、ES:スペイン、KR:韓国、LU:ルクセンブルク、NL:オランダ、NZ:ニュージーランド、SG:シンガポール、UAE:アラブ首長国連邦、UK:イギリス、US:アメリカ。
4　所有形態は以下の通り。IDV: Individuals, IFF: Infrastructure fund, IVF: Investment fund, PEQ: Private equity, PSF: Pension fund, PLC: Plc shareholders, PIN: Public institution, SWF: Sovereign wealth fund.

図1　イギリスの複数空港一括運営会社

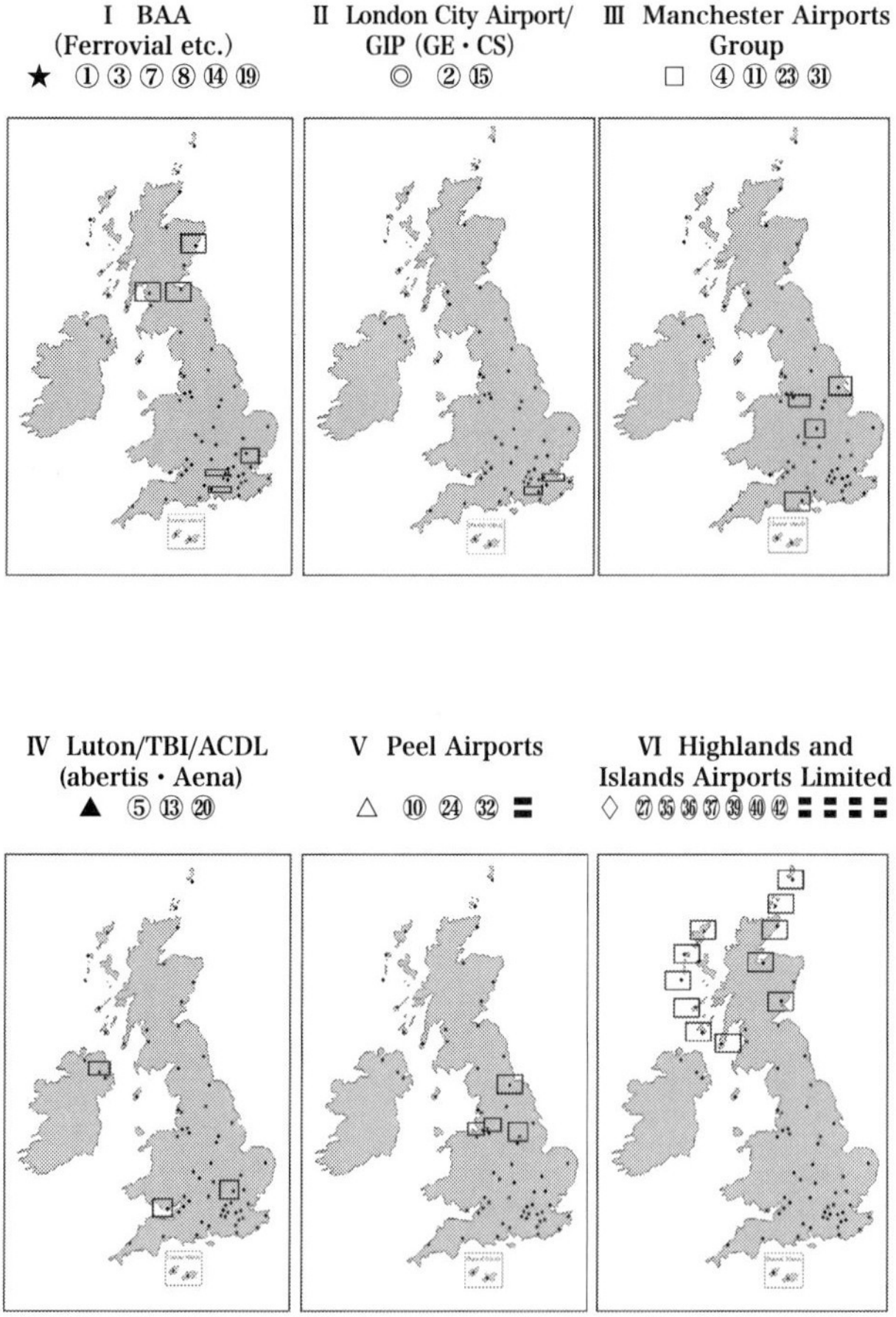

Ⅶ Ontario Teachers' Pension Plan

⇔ ⑥ ⑨

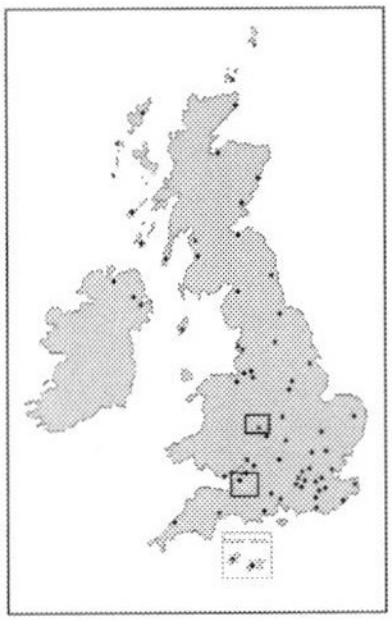

Ⅷ Macquarie Group

● ⑨ ⑫

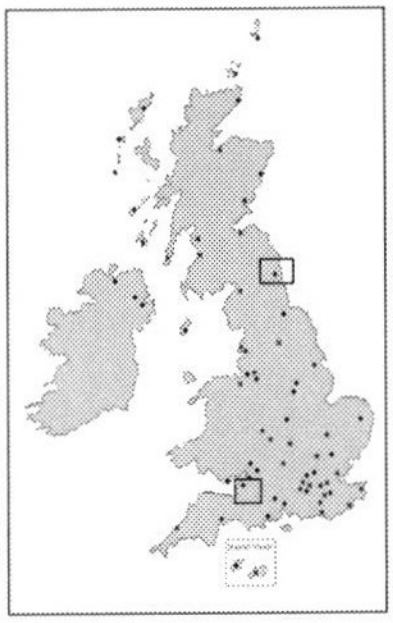

Ⅸ Infratil

// ⑱ ㊸

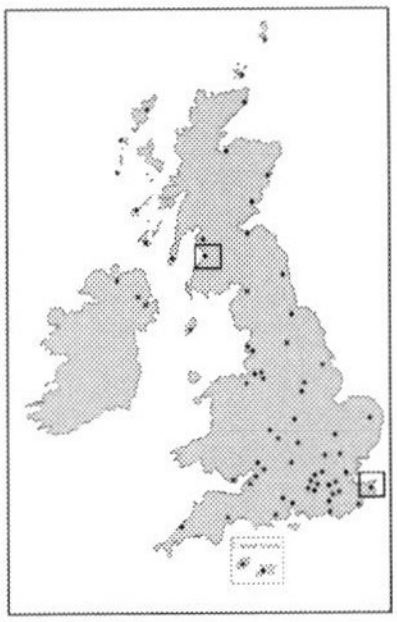

Ⅹ Balfour Beatty

§ ㉕ ㉚ ㉝

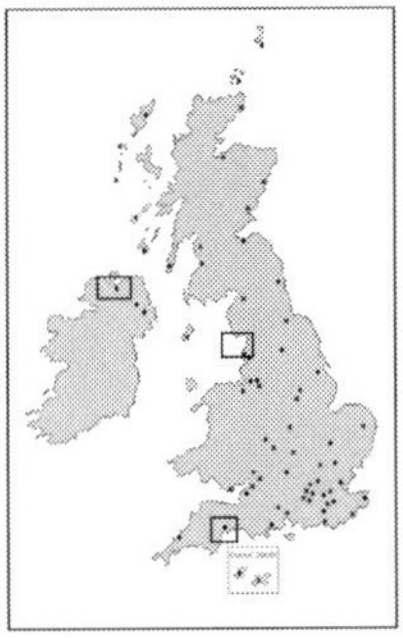

Ⅺ Matrix Private Equity Partners

* 〓 〓 〓

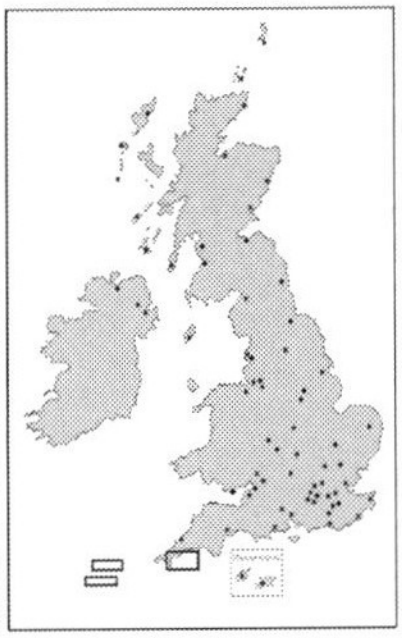

Ⅻ Stobart Group

\# ㊹ 〓

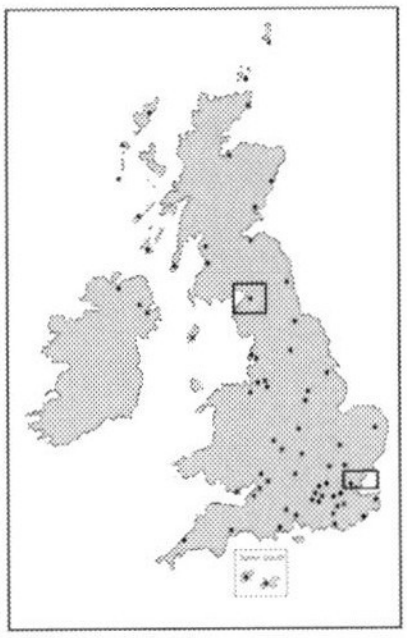

（注）地図原版出所　http://www.aoa.org.uk/about/interactive_map.asp

うと推測しますが、実はⅠとⅥを除くと、必ずしもグループ内の空港間を結ぶ路線が多いわけではありません。むしろ、複数のＬＣＣが欧州の主要都市のセカンダリー空港や地方都市の混雑していない空港との路線をつないでいるのです。特定のＬＣＣに依存しすぎると、路線撤退時に大きなダメージを受けますので、複数キャリアと契約するのが空港経営の重要なポイントになります。

## 5　結び——空港改革の方向性

空港民営化はコンセッションから株式売却まで、幅広い手法がありますので、将来は多様な主体が空港の運営に関与する可能性があります。新たに経営に乗り出す空港会社は、航空会社であるキャリアと空港の立地している地元との間に立って、相互の利害を調整しつつ、利用者に魅力のある路線を増加させていく必要があります。つまり、空港会社が「触媒」機能を果たすわけです。

これまでの需要家層は単に、企業を中心とするビジネス客か、レジャーやホリデーなどの旅行客かで二分されるのが一般的でした。しかし、それらに加え、欧州では友人や親戚を訪ねる乗客、ビジッティング・フレンズ・アンド・リラティブズ（ＶＦＲ）という需要層が伸びています。広域経済圏が形成されることによって、ＬＣＣがＶＦＲを発掘し、ＶＦＲがＬＣＣを利用するという好循環が成立しているわけです。

これまで紹介してきましたように、イギリスの空港改革と空港会社の経営戦略は、わが国の改革に多くの示唆を与えてくれます。政府は国管理空港を中心として「空港運営のあり方に関する検討会」において、空港改革について議論を重ねてきました。そのまとめとして、二〇一一年七月末に『空港経営改革の実現に向けて』という報告書が発表されています。今後、関空と伊丹の経営統合が実現しますので、その他の空港でもコンセッションや複数一括運営に向けた可能性が探られることになるでしょう。

## 参考文献


切通堅太郎「北海道における新しい空港運営に向けての課題と展望」『開発こうほう』第五七八号、二〇一一年。

野村宗訓「イギリスにおける地方空港の発展と離島路線の維持―ＬＣＣの貢献とＨＩＡＬの経営を中心として―」『運輸と経済』第六八巻第一一号、二〇〇八年。

野村宗訓・切通堅太郎『航空グローバル化と空港ビジネス』同文舘出版、二〇一〇年。
Graham, A., *Managing Airports*, 3rd ed., Butterworth-Heinemann, 2008.（中条潮・塩谷さやか訳『空港経営』中央経済社、二〇一〇年）。

# 第2章

# 空港会社の事業価値向上とＰＰＰの手法

アン・グラハム

## 1　はじめに

今日ここに参りまして、重要なテーマについて皆さまにお話しできる機会をいただき、大変光栄に思います。本日は空港の株式会社化がもたらす経済的な価値、そしてＰＰＰ、Public-Private Partnership における戦術ということで、英国の具体例をご紹介しながらお話をしてまいります。

まず冒頭に、導入部分といたしまして一般的な話ですけれども、空港における民間部門の参画や関与、そしてＰＰＰについて明らかにします。その後、英国の空港産業、そして空港におけるＰＰＰの展開について説明します。最後に、その傾向がもたらす影響、そしてまとめという形で進めて参ります。

さて、空港における民間部門のかかわり、これはグローバルなトレンドと言っていいと思います。二〇〇七年に行われました、世界の四五九の空港を対象にした調査でわかったことは、四分の一、すなわち二五％程度の空港が完全な民間所有、もしくは部分的な民間所有形態をとっていたということです。

このトレンドが始まりましたのは英国からということで、一九八七年のＢＡＡの民営化以降、九〇年代から二〇〇〇年にかけて、さらに勢いを増していきました。しかしながら、この傾向はそれ以降の経済状況、景気動向、そして業界を襲ったさまざまなショックなどを受けまして、残念ながら、この二〇年間の間に減速してしまったということです。

私自身、民営化に関して学術論文を書きました。そこで、民間のかかわりがなぜ求められたのかという主たる理由を探ってみたところ、第一が効率性の向上、第二が投資の必要性ということでした。

表１は、実際にこれまで世界のどのような空港で民営化が図られてきたのかという事例です。

表1　空港民営化の事例

| Pre-1996 | 1996-1997 | 1998-1999 | 2000-2002 | 2003-2004 | 2005-2006 | 2007-2008 | 2009-2010 |
|---|---|---|---|---|---|---|---|
| Copenhagen | Athens | ASUR (Mexico) | Fraport | Bangalore | Venice | Pisa | Gatwick |
| Vienna | Bolivia | Argentina | Florence | Hyderabad | Brussels | Xi'an | St Petersburg |
| BAA | Brisbane | Auckland | Hamburg | Quito (Ecuador) | Budapest | Amman | Pristina (Kosova) |
| Cardiff | Dusseldorf | Beijing | Lima (Peru) | Norwich | Luebeck | Antalya | Bristol |
| East Midlands | Melbourne | GAP (Mexico) | Malta | Tirana | Delhi | Murcia | |
| Belfast | Rome | Malaysia Airports | Zurich | Larnaca | Mumbai | Leeds/ Bradford | |
| Liverpool | Perth | South Africa | Sydney | Paphos | Paris | Skopje/ Ohrid (Macedonia) | |

詳しくお話する時間はありませんけれども、さまざまなパターンがあるかと思います。先ほども申しましたように、この動きが始まったのは英国からでした。それ以降、世界の各地に広がっていきました。表1に示しますように、ブリュッセル・ハイデラバード・サンクトペテルブルグ、あるいはマレーシア・シドニーといったところで次々と進展していきました。

私は、さまざまな学術論文を調査・研究しまして、民営化について何が語られているかを調べてみました。特に、どのような目的を持って民営化あるいは民間のかかわりが進められていったのかを見てみました。その主たる二つの理由として、効率性の向上と投資の必要性ということがあったわけです。しかし、図1に示すように、他にも理由があります。例えば、さまざまなスキルの向上が求められる技術の導入、サービスの質の向上、国の影響をもう少し

**図１　空港への民間部門関与の目的（％）**

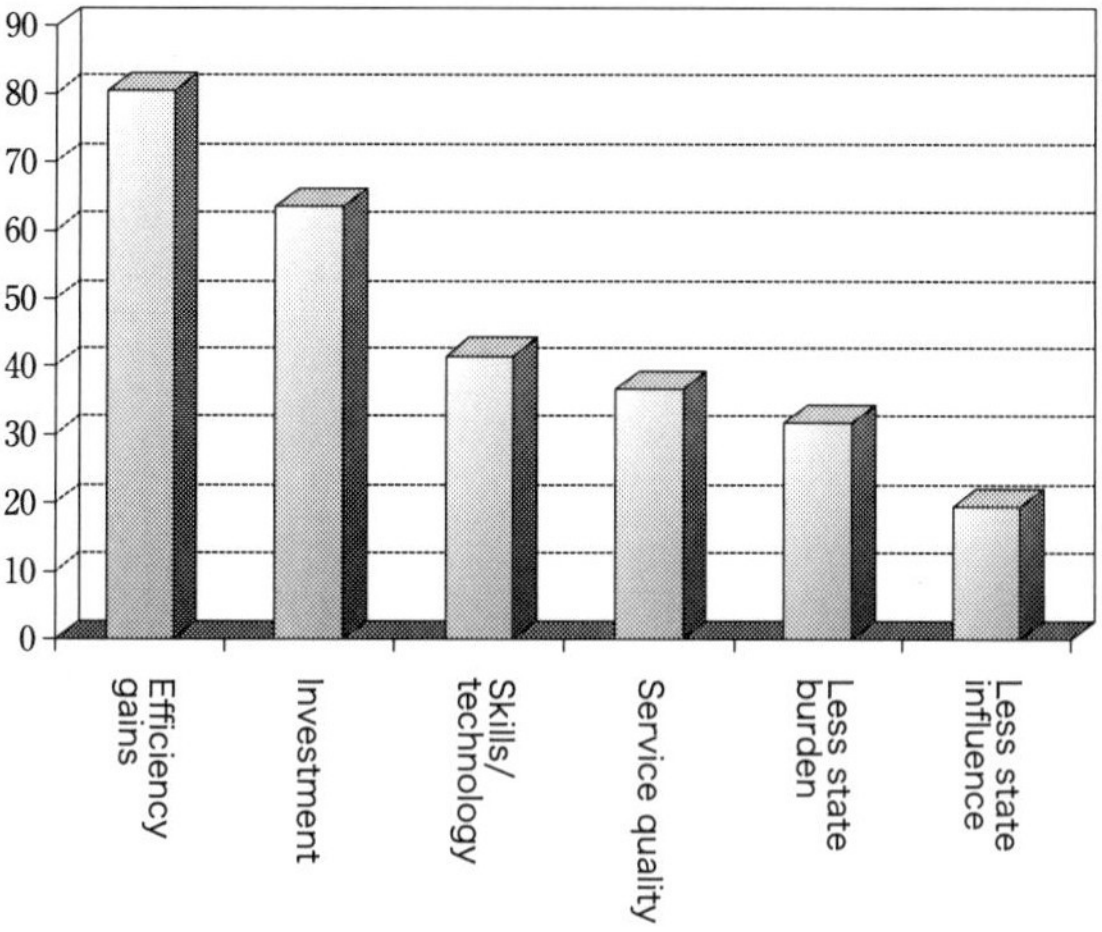


（出所）Graham（2011）

排除したいという意図であるとか、あるいは国の財政に対する負担を減らすということも挙げられています。

最近のヨーロッパに関して、さらに深く内容を見ると、公的部門の関与は七八％を占めています。さらに公と民の共有、つまりＰＰＰという形態もとることがあります。所有形態としてのＰＰＰは一三％を占めています。残りの九％は、完全に民間所有です。この比率からは、民間の関与がそれほど重要であるようには思えません。しかし、これらの空港で扱われている輸送量を吟味してみますと、別の数字が明らかになります。

まず公的所有の空港は、旅客輸送量の五二％を扱っております。ＰＰＰは四八％を占めています。これはなぜかといいますと、民間の投資家の大半あるいは多数は主要空港に集まるからです。ですから、ヨーロッパで旅をしてこれらの空港を通るときには、二回に一回は何らかの形で、民間が経営にかかわっている空港に立ち寄る確率になるということです。

ＰＰＰの形態をもう少し詳しく分析してみますと、混じり合ったような状況になっています。四七％においては過半数が公的部門、三八％におきましては過半数が民間部門、そして公的部門・民間部門が半々の対等な形態になっているのが一五％です。

## 2　英国空港産業の構造変化

ここまでの説明は少しイントロダクション的な情報になるのですが、空港における民間部門の関与について理解を深めていただけたのではないかと思います。では、具体的に英国に目を移してお話しいたします。皆さまの中で、英国の空港産業についてあまりご存じでない方のために、背景も含めた解説をさせていただきます。

英国には数多くの国際空港、地方空港がありまして、旅客の取扱数で言いますと、一〇〇万人を

**表 2　英国の空港における乗降客数**（百万人）

| | 2000 | 2007 | 2008 | 2009 | 2010 | 成長率 2000-10 % | 市場シェア 2000 % | 市場シェア 2010 % |
|---|---|---|---|---|---|---|---|---|
| BAA Heathrow | 64.3 | 67.9 | 67.1 | 66.0 | 65.9 | 2.5 | 38 | 31 |
| BAA Gatwick | 31.9 | 35.2 | 34.2 | 32.4 | 31.4 | -1.6 | 18 | 15 |
| BAA Stansted | 11.9 | 23.8 | 22.4 | 20.0 | 18.6 | 56.3 | 7 | 9 |
| All London | 115.8 | 139.7 | 137.1 | 130.3 | 127.4 | 10.0 | 64 | 59 |
| All Regions | 64.2 | 100.3 | 102.4 | 91.5 | 86.9 | 35.4 | 36 | 41 |
| All Airports | 180.0 | 240.0 | 239.5 | 221.9 | 214.3 | 19.1 | 100 | 100 |

（出所）CAA

超える空港は二〇ほどあります。ロンドンは旅客の流れではメインでありますけれども、市場シェアそのものは落ちつつあります。ロンドンの市場シェアは五九％で、ヒースロー単体で三一％となっています。

それに対しまして、地方空港が近年、成長著しい状況です。ただし、この二年ほどは景気後退の影響で苦しんでおります。ただ長い目で見たときには、健全な形で成長が戻ってくるだろうという予想が出されております。

英国の交通省が出しました直近の予測によりますと、旅客数は二〇一〇年の二億一四〇〇万人から、二〇三〇年には四億六五〇〇万人にまで増えると予想されております。ロンドンと地方空港の数字は、表2に示されているとおりです。

ロンドンの主要三空港は、もともとはＢＡＡ所有のものでした。すなわち、ヒースロー空港・ガトウィック空港、そしてスタンステッド空港です。そして表2の市場シェアで示すように、ロンドンの市場シェアは五九%、地方空港が四一%となっています。また、これでわかるのは伸び率ですけれども、この一〇年の間のロンドンの成長率は一〇%です。それに対して、全地方空港は三五%成長しています。これには一連の理由がありますけれども、後ほどお話をいたします。

次に、空港の所有形態についてお話しいたします。一九八六年以前は、ほとんどの空港は国、すなわちＢＡＡ、あるいはハイランズ・アンド・アイランズ・エアポーツ（ＨＩＡＬ）が所有していました。そして、地方空港のほとんどは地方自治体、あるいは地方議会が所有していました。しかし、一九八六年に空港法という重要な法律ができて、この法律のもとで、ＢＡＡは民営化されることになり、証券取引所に一〇〇%、株式を上場することによって民営化することになりました。

また、経済的な規制体系も生まれて、これはロンドンの空港に対して適応されたものです。それに加えて、その他の空港で年間の売り上げが一〇〇万ポンドを超えるところに関しては、株式会社組織にすることになりました。つまり、地方空港はこれで初めて、みずからの空港の空港使用料を設定する自由を獲得した、あるいは空港で働くスタッフの賃金を設定することができるようになったわけです。この会社組織になった段階での所有者は、依然として地方自治体でしたけれども、民間部門に株式を売却する自由も与えられたのです。

日本の状況と対比して特筆すべきところがあるとするなら、これらの会社は経営の責任を持つ

**図 2　英国の空港における施設提供手法（2010 年）**

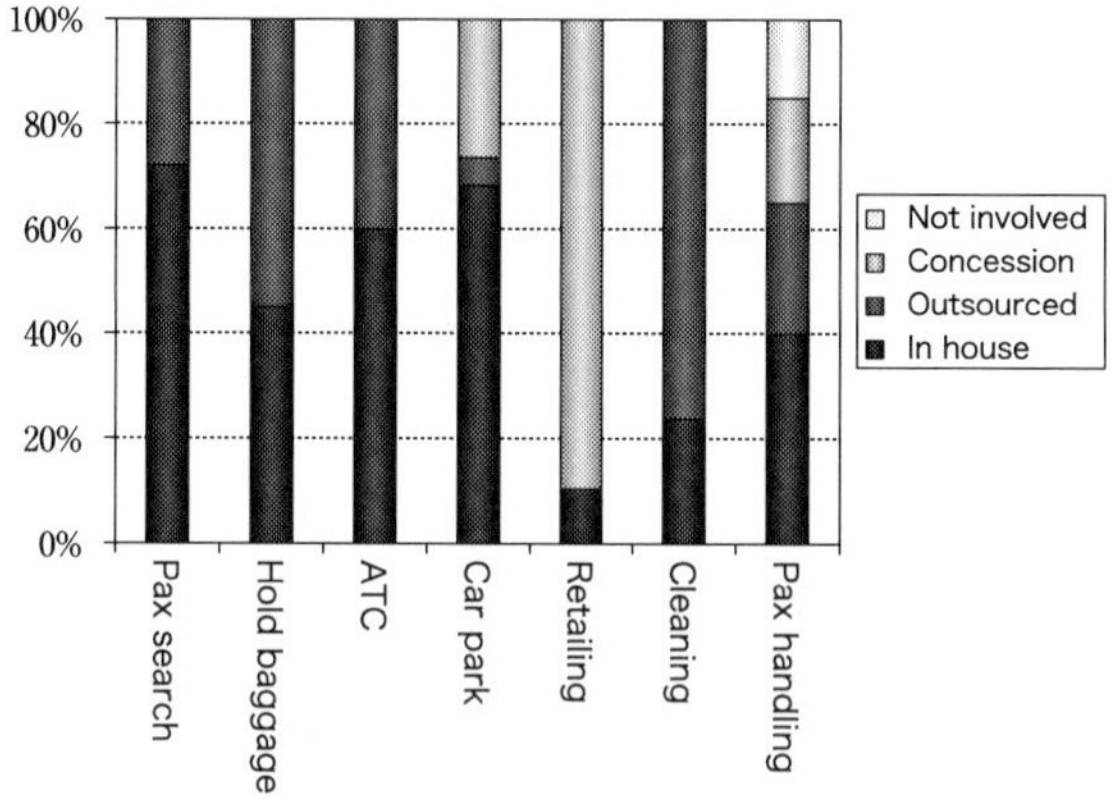


（出所）LeighFisher

ものであるけれども、必ずしも空港でのすべての施設、すなわち、飛行場そのもの、ターミナル、駐車場、これらをその会社が提供するものではないということです。したがって、一九八六年というのが英国の空港産業にとって一つの転換点となり、その年を境にして、英国の空港産業は民間と公的部門が混じり合って存在する産業になったということです。

さて、空港の経営主体である会社は、どのような責務を負っているのかをもう少し詳しくお示ししたいと思います。会社自体、空港の中で行われるすべての活動に対して責任を持ちますけれども、提供されるサービスを必ずしもその会社がすべて提供しているとは限りません。

以下に、空港で通常行われるサービスのいくつかをピックアップしてみます。まず、旅客のセキュリティーチェックです。これは、預け入れ荷物のチェックという意味でのセキュリティーです。また、航空交通管制、ＡＴＣも含まれます。そして商業施設のサービスとしましては、駐車場、小売店舗。また、清掃や、チェックインなどの業務。もちろん、これだけではなく、他にもいろいろありますけれども、代表的なものをあげました。

空港会社がどのように関与しているかを区分すると、空港自体が提供するイン・ハウスと、外注するアウトソーシングに分けられます。外注の代表的なものは清掃です。これは、コストは空港が負担しますけれども、サービスそのものは別の会社が効率的に行うというものです。

別の形の外注はコンセッションと呼ばれるものです。この代表例としては、小売店舗などがあります。この場合、空港は小売活動に関連したコストを負担することなく、コンセッション料を得ます。また、空港がまったくタッチしない部分もあります。例えばチェックイン等の旅客の取り扱いに関しても、ハンドリング・エージェントというところに任せて、空港はまったくタッチしません。

このように、英国の空港にも、いろいろなタイプがあることがわかると思います。それぞれの空港にとって最善だと思われる経営のあり方、サービスの提供のあり方が採用されている、柔軟に対応がなされていることがわかります。しかし、空港会社が全体に対しての責任を担いながらも、また非航空系の収入というものもかなり上がってくる可能性があるということです。

### 表 3　英国の空港の所有権

| 民間空港 | |
|---|---|
| 主要な所有者 | 空港名 |
| Abertis Airports | Belfast International, Cardiff |
| Bridgepoint | Leeds Bradford |
| Eiser Infrastructure Fund | Belfast City |
| Ferrovial | BAA (Heathrow, Stansted, Southampton, Aberdeen, Glasgow, Edinburgh) |
| GIP/Highstar | Gatwick, London City Airport |
| Infratil | Prestwick, Manston |
| Macquarie European Infrastructure fund/ Ontario Teachers' Pension/MAp Airports | Bristol |
| Peel Holdings | Liverpool, Doncaster Robin Hood |
| Regional and City Airports | Exeter |
| Stobart Group | Southend |
| **公有空港・PPP による共有空港** | |
| **主要な所有者** | **空港名** |
| Seven local councils (49%) and staff (3%) | Birmingham (with 49% Ontario Teachers' Pension Plan and Australia's Victorian Funds) |
| Seven local councils | Newcastle (with 49% Copenhagen Airport) |
| Ten local councils | Manchester Airport |
| Luton council | Luton Airport (30 year concession run by Abertis) |
| Manchester Airport Group | Humberside (with 17% local council) East Midlands and Bournemouth |
| Omniport | Norwich (with 20% two local councils) |
| Peel Holdings | Durham Tees Valley (with 25% six local councils) |
| Regional and City Airports | Blackpool (with 5% local council) |
| Scottish Government | Highlands and Islands Airports (11 airports) |

それでは、英国での空港民営化のプロセスを時系列にそって、追ってみたいと思います。詳しくはお話しいたしませんけれども、一九八七年にBAAが民営化されて以降、徐々にその動きが広まっていきました。今では、完全な形であれ、あるいは部分的であれ、民間部門が関与する空港は二〇ほどあります。さらに、表3のリストに載っている空港の中には、一度だけ売却されたということではなくて、二度目の売却を経たところもあります。そういった経緯を経て、英国の空港の所有形態は、このような形になってきました。今では六六%が民間所有、一七%がPPP、公的所有の空港は一四%です。実はコンセッションという例もありますが、それは後でお話しいたします。

## 3　民間部門参画とPPPのインパクト

次に、英国における民営化のモデルについてお話しいたします。これはなぜかといいますと、世界中をまわって、いろいろな話を聞いてみますと、民営化というものについては、さまざまな定義があることに気がついたからです。英国でもいろいろなモデルが存在しますので、以下に紹介します。

- 民間企業の所有（実例 London City Airport）
- 株式市場を通した売却（実例 BAA）
- 随意契約による株式売却（実例 Cardiff, Leeds Bradford, Bristol, Liverpool）
- 随意契約による部分的な売却（実例 Birmingham, Newcastle, Norwich）
- 公的所有のもとでコンセッション契約（実例 Luton）
- 株式の公的所有（実例 Manchester, Highlands and Islands）

まず民間所有の形態があり、英国には、長く民間所有の形態でやってきた空港が二、三あります。そのうちの一つは、ロンドンのビジネス街の中心地にあるロンドンシティ空港です。一九八七年にはＢＡＡは株式を一〇〇％上場することによって、全面的な民営化を実現しました。

さらに、トレードセールという形で、民間のコンソーシアムに対して売却されたケースがあります。全面的なトレードセールに対して、部分的なトレードセールが行われたケースもあります。その場合は、部分的に民間のコンソーシアム、あるいは民間投資家に対して売却が行われるだけで、地元の公共部門が残余部分を持ち続けるというケースです。

次に、コンセッション契約があります。これは英国ではそれほど広く採用されているものではありませんけれども、世界各地でかなり多くの事例が見られます。例えば、ロンドン・ルートン空港の所有者は自治体ですけれども、民間会社が三〇年間のコンセッションに基づき、空港を運営できる契約になっています。

そして、完全な公的所有形態の空港がいくつかあります。その一つはマンチェスター空港で、英国で四番目に大きな空港です。そしてハイランズ・アンド・アイランズ・エアポーツ（ＨＩＡＬ）という空港会社。ＨＩＡＬには一一空港が含まれますが、それぞれの規模は小さいですけれども、地域のネットワーク維持に重要な役割を果たしています。結局、この二つを除きますと、ほとんどの空港は何らかの形で民間の関与が見られます。

ＢＡＡは、既に申し上げましたように、一九八七年に民営化されております。それは株式を上場して民営化したわけですが、二〇〇六年にはスペイン企業であるFerrovialがＢＡＡを買収して、証券取引所に上場されていた株式の上場を廃止しました。そして、二〇〇九年には、ロンドンの主要空港の一つ、ガトウィックを売却しました。その理由につきましては、後ほど説明いたします。

次に、トレードセールという形での完全な民間所有への移行ですけれども、この表にはその所有者が記載されています。ここでも個別の解説は省略しますけれども、興味深いことがおわかりになると思います。まず、かなり幅広い投資家が存在するということです。例えば、Infratil というのはニュージーランドのインフラ企業です。そして Macquarie は投資会社です。Peel Holdings は不動産会社ですし、Stobart Group は物流企業です。英国に拠点を置いていない所有者もいます。例えば Abertis であるとか、先ほど触れました Ferrovial、これらは両者ともスペイン企業です。

もう一つ言えることは、これらの会社で二つ以上を所有している会社もあるということです。例えば Abertis はベルファストとカーディフ、そして Peel Holdings の場合は、リバプール、ドンカスターに加えて、ダーラム・ティーズ・バレーの大部分の株式も持っています。

次に、PPPの事例をあげてみます。ここでも、二つ以上を所有しているところがあります。また、外国企業、外国政府の関与というものもあります。例えば、ニューカッスル空港ですけれども、こちらは四九％をコペンハーゲン空港が所有しています。もう一つ面白いのは、マンチェスター空港自体は公的所有形態の空港ですけれども、マンチェスター空港が他の地方空港を所有しているということです。

そして、ロンドン・ルートン空港というのはコンセッションでありますが、三〇年間のコンセッションに基づき運営されているということ。ここは Abertis が空港管理者として、Luton Borough Council に対して、旅客と貨物のコンセッション料を払っていくという手法をとっています。

こういった流れがどういう影響をもたらしたのかについて考えてみます。そうは言っても、なかなか判断が難しいものでもあります。これらの空港が民営化を経ていく中で、航空業界そのものにいろいろな展開が見られました。例えば、大きなところといたしましては、ヨーロッパそのものでの航空の自由化が図られたということ、そして、LCCというものが台頭してきて、これが地方空港によい影響を与えることになりました。

また、競争環境というものも変化しています。インターネットの利用がどんどん増えてきた点から、航空会社の参入コストも低下しました。そして、景気後退という状況もあり、これはヨーロッパ全体に影響を及ぼしました。ただ、英国独自の要素もあります。例えば、出国税が非常に高いという点や、あるいはユーロに対するポンド安、こういったところで需要が落ち込んだという点もあります。そのような中で、民間関与の部分をその他の要素から切り離して、独立的に分析することが難しいのも事実です。

また、民間の関与は二〇年間かけて徐々に展開してきたもので、急な形で展開したものではありません。私が調査したさまざまな学術論文で、民営化について扱っている研究もありますけれども、そこから決定的な結論を導き出すことはできません。そこで、私が空港産業をこれまで研究してきた中で、今言えることをいくつかお話したいと思います。

**表4　英国の空港のEBITDA**（千ポンド）

| | 1987/1986 | 2001/2000 | 2006/2005 | 2009/2008 |
|---|---|---|---|---|
| Aberdeen | 1,500 | 12,443 | 13,092 | 18,738 |
| Belfast International | 3,935 | 14,864 | 10,637 | 11,137 |
| Birmingham | 6,781 | 43,513 | 51,989 | 42,099 |
| Bournemouth | 164 | 1,529 | 3,501 | 3,562 |
| Bristol | 1,131 | 13,224 | 28,961 | 34,500 |
| Cardiff | 689 | 10,723 | 7,220 | 6,740 |
| Durham Tees Valley | 135 | 1,435 | −1,418 | −2,880 |
| East Midlands | 3,637 | 15,967 | 23,030 | 23,026 |
| Edinburgh | 2,800 | 23,760 | 38,716 | 47,383 |
| Exeter | −59 | 1,366 | 10,151 | 3,002 |
| Glasgow | 5,500 | 33,740 | 35,309 | 40,069 |
| Humberside | −34 | 1,526 | 1,276 | 889 |
| Leeds/Bradford | 2,134 | 7,013 | 4,847 | 4,707 |
| Liverpool | −2,053 | −2,666 | 18,366 | 6,285 |
| London City | n/a | n/a | 8,814 | 34,232 |
| London Gatwick | 53,200 | 160,000 | 131,400 | 168,400 |
| London Heathrow | 119,000 | 464,600 | 583,600 | 604,800 |
| London Luton | 4,003 | 6,640 | 21,773 | 33,318 |
| London Stansted | −1,800 | 46,153 | 74,900 | 114,300 |
| Manchester | 18,715 | 98,606 | 130,481 | 111,670 |
| Newcastle | 3,526 | 15,405 | 28,403 | 30,398 |
| Norwich | −56 | 1,857 | 1,851 | n/a |
| Southampton | n/a | 4,627 | 10,434 | 7,985 |

（出所）CRI

まず採算性に関してＥＢＩＴＤＡで見てみますと、詳細は表４からは見にくいと思いますけれども、マイナスが出ていたところから利益が上がるような傾向になってきていると言えると思います。ということは、空港自体、以前に比べると自立できる状況になってきているということです。

二つ目に、図３は英国の空港における非航空系の収入（商業収入）のシェアを示していますが、ご覧いただけますように、四〇％から四五％を超えるところまで来ています。このトレンドそのものも興味深いわけですが、ＢＡＡの影響を排除しますと、さらに興味深い影響を見ることができます。図４からＢＡＡの部分を除くと、

**図3　英国空港の商業収入シェア**（%）

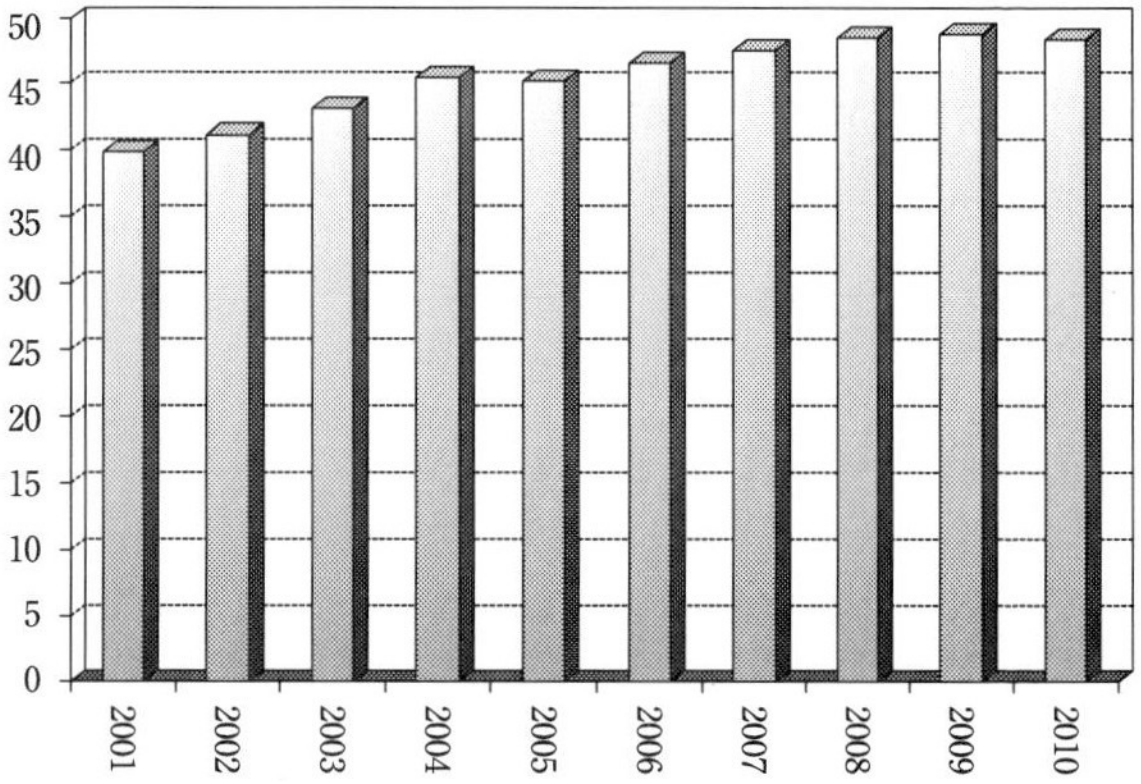


三五%から五〇%まで、非航空系収入の部分が高くなっていることがわかります。個々の空港で見てみますと、図5のように、この傾向が特に強く出ている空港があります。ですから、傾向としましては、特に地方空港を中心として、非航空系収入に大きく依存するようになってきていると言えます。

もう一つの切り口としましては、効率性という点がありますが、労働生産性を通して見てみます。図6から、右肩上がりになっていますので、効率性が向上していることがわかります。ただ、ここで考えなければいけないことは、それぞれの空港で航空輸送量そのものが増大しているということで、そういった輸送量の増大がある中では労働生産性の向上がよりよく達成できる傾向があります。もう一度ここでも、RAAの関連のファクターを排除してみますと、さらに労働生産

図４　ＢＡＡ空港とその他空港の商業収入シェア（%）

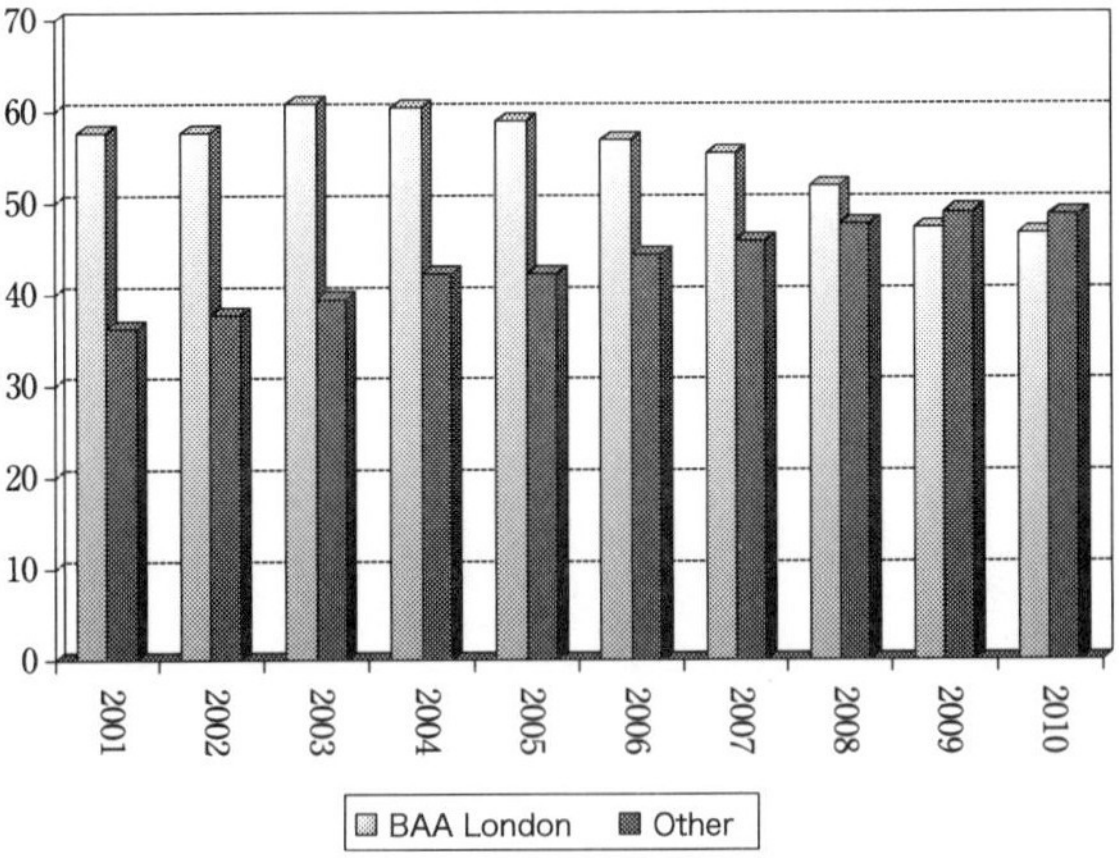


図５　個別空港の商業収入（%）

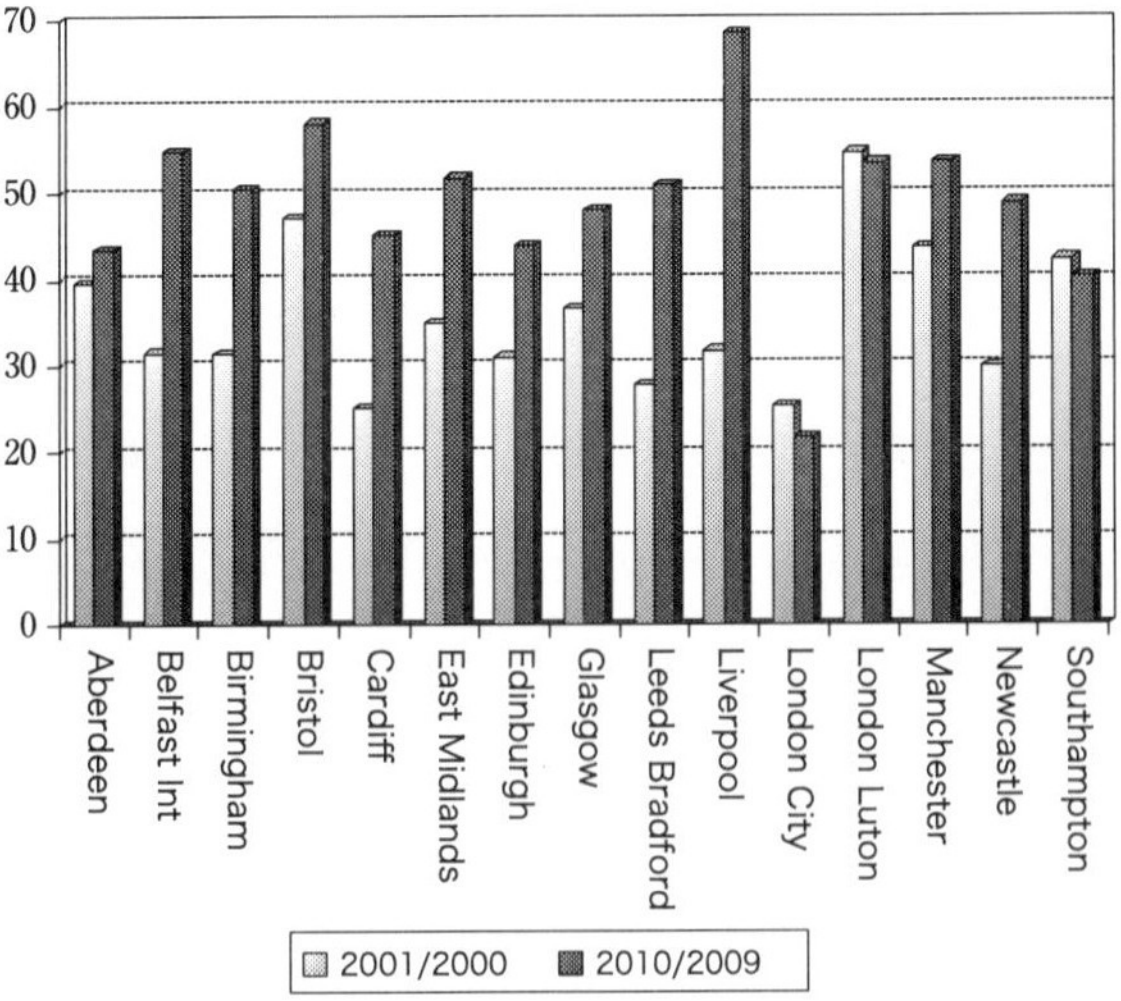

**図6　英国空港の労働生産性**
(従業員一人当たりWLU・千)

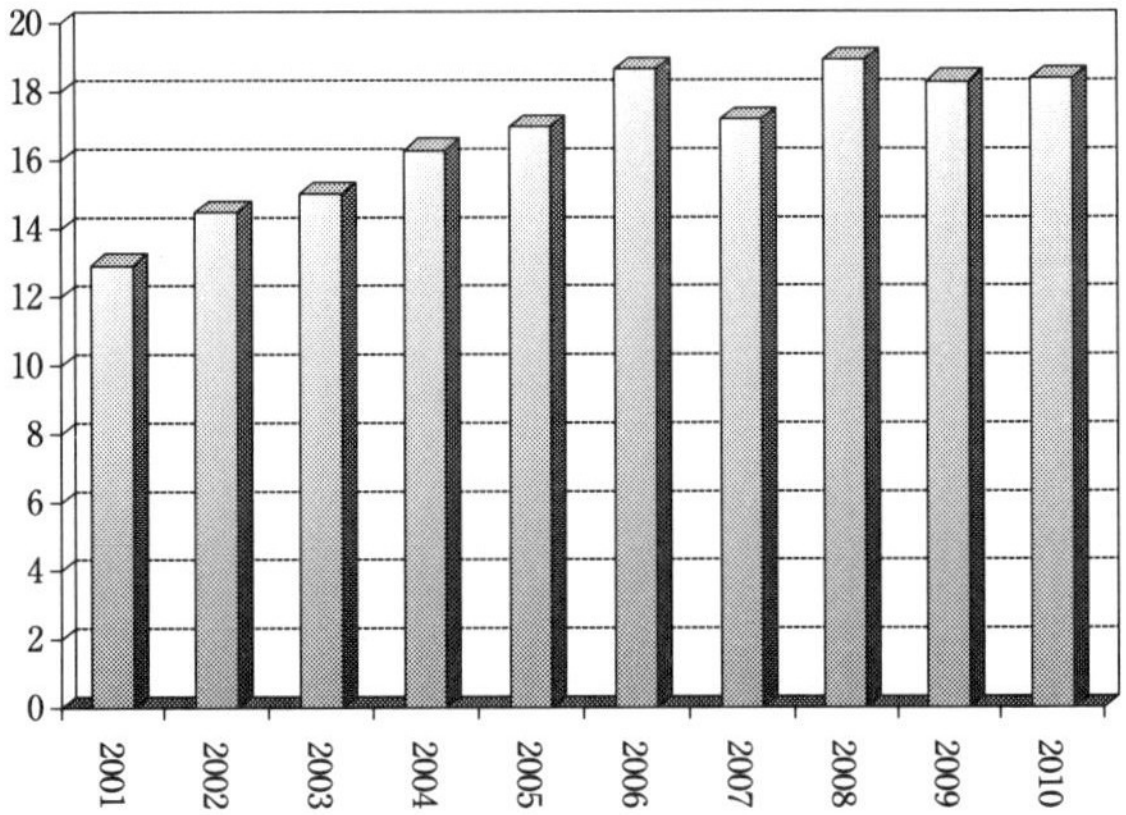


**図7　BAA空港とその他空港の労働生産性**
(従業員一人当たりWLU・千)

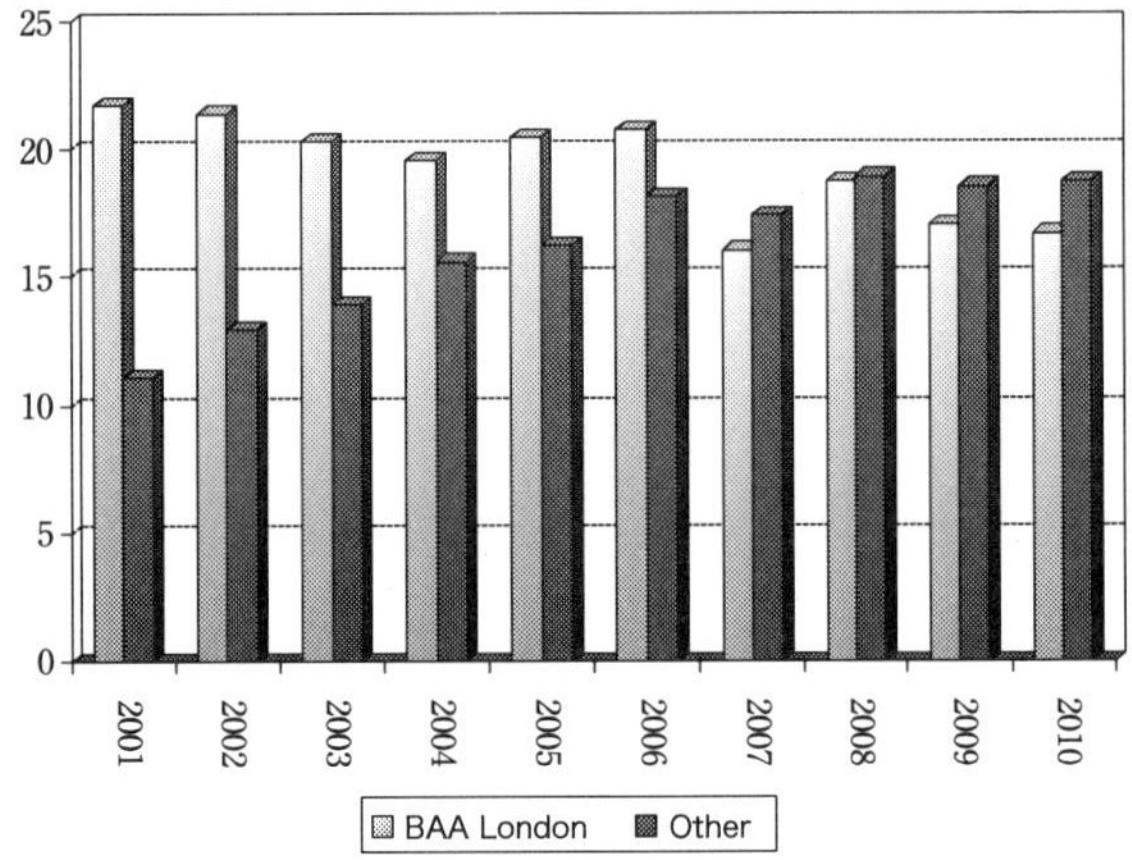

性の向上が明確になります。

これまで、ＢＡＡについて何度も言及してきましたが、なぜＢＡＡが特別なのかということです。これらの空港、その中でもヒースローは、キャパシティーの不足に苦しんでおりまして、これまでにも大規模な投資を必要としてきました。また、これらのＢＡＡの空港は、他の空港とは異なり、料金規制がかけられています。これらのことが、この一〇年間、ＢＡＡ空港のパフォーマンスに影響を及ぼしてきました。

さらに、これらの空港は競争環境そのものも、他の空港とは異なっています。実際、競争委員会が二年前の二〇〇九年に検討をしています。結論としては、ＢＡＡが、所有しているスコットランドとロンドンの空港に関して、競争を阻害しているということでした。そして最終的に、ＢＡＡはガトウィックの売却を命じられ、売却するに至りました。それに加えて、スタンステッドの売却と、スコットランドのエディンバラ、もしくはグラスゴーのどちらかの売却を勧告されています。まだ、ＢＡＡが不服の申し立てをしていますので、これらは実施されておりません。こういったさまざまな背景がありますので、ＢＡＡの空港は別に扱うべきだと私は考えております。

以上のような、公共部門と民間部門がともにかかわるような形で運営されている英国の空港産業が、一般的にどのような影響を持つのかをまとめてみます。まず、財政的な自立がより強くなったということ、そして労働生産性が向上しているのも確かです。また、非航空系収入源に対する依存度が高まっているということと、資金調達に関しては、商業市場へのアクセスを得ることができるようになったということです。現存する空港経営グループの専門知識に対してもアクセスができるようになり、国際的な空港経営会社に対するアクセスも持ち得るようになりました。

それと同時に、単に数字を見るだけではわからないような、よりソフトな影響も認めることができます。例えば、エアラインのニーズに一層、焦点を当てるような状況が生まれています。一般的に、以前よりも空港はエアラインのニーズに対して、より柔軟に対応することが求められるようになり、緊密なコンタクトが双方の間でとられるようになっています。また、ＬＣＣを対象にして特別な施設、例えばよりシンプルなゲート、シンプルなチェック機能を提供し始めています。航空会社との間で、長期の契約を交渉しているところもあります。

これらの契約は二つの方向に対して働きます。例えば空港会社の側から言えば、さまざまな空港使用料金のディスカウントを提供したり、ある程度のサービスの質を保証する、場合によっては、マーケティングサポートなども提供するなど。逆に、航空会社の側は、その空港を拠点とする現行の航空機の数、そして将来の数をある程度保証する、または最低旅客数を保証するといった動きがあります。したがって、昔と比べますと、地方空港の中には、航空会社との間で以前とはまったく違った関係を結んでいるところも出てきています。

さらに言えば、競争、マーケティングにおいての激化もあります。例えば空港使用料に関しては、下方圧力がかかっている状況が続いておりまして、新しいサービスを引きつけ、それを維持しようという動きが続いています。また、マーケティングに重点が置かれるようになり、空港の可視性を高めようという動きが見られます。そして、先ほども言いましたように、非航空系収入を増やしていこうというところに力点が置かれつつあります。

これまで、いろいろお話をしてきましたけれども、公的部門がいっさい空港にかかわらなくなったということではありません。まだ重要な役割を果たしています。例えば、ロンドンの三空港に対してはプライス・キャップという規制がかかっていますが、現在は見直し中の状況です。もちろん、安全・保安面、乗客の権利に関するさまざまな法律、環境関連の法律などを制定し、それを施行していく役割を果たすのは、公的部門です。また、空港拡張の計画提案などの承認をするのも、もちろん公的部門です。

また、スコットランドのＨＩＡＬに関しては、遠隔地の空港はライフラインの役割を果たし、接続性を維持しなければいけないというところから補助金を提供している、これも公的部門の役割です。

## 4　結論

最後に結論を述べたいと思います。まず一般論ですけれども、空港に対する民間の関与というものは拡大しつつありますけれども、常に論争を呼ぶものでもあります。英国の空港産業は、近年、数多くの課題に直面しています。そのうちの一つが民間部門の関与のあり方に関連しています。

しかし、こういった形で、公的部門、民間部門がともにかかわって存在する英国の空港産業の進展は、一連の影響をもたらしたと言えます。例えば、施設に対する投資を空港ができるようになったということ、そして、追加の専門知識へのアクセスが可能になったこと、空港のパフォーマンスを改善し、エアラインのニーズに重点を置いた対応がなされるようになったこと、最後に空港間の競争をさらに強め、空港自体の存在感を高め、空港の収入源の多角化を可能にしたということです。

以上で、英国に関する民営化等の概要についてお話をいたしました。皆さまに関心を持って聞いていただけたなら大変うれしく思います。ご清聴いただきましたこと、感謝申し上げます。

## 参考文献


ACI-Europe (2010) *The ownership of Europe's airports*, available from http://www.aci-europe.org/upload/ACI%20EUROPE%20Airport%20Ownership%20Report%202010%20LR.pdf [accessed 30 June 2010].

Competition Commission (2009) *BAA airports market investigation*, available from http://www.competition-commission.org.uk/rep_pub/reports/2009/545baa.htm [accessed 5 May 2009].

Department for Transport (2009) *UK Air passenger demand and CO2 forecasts*, available from http://www.dft.gov.uk/pgr/aviation/atf/co2forecasts09/index.html [accessed 20 November 2009].

Graham, A. (2008a) *Managing airports: An international perspective*, 3rd edition, Oxford: Butterworth-Heinemann/Elsevier.

Graham, A. (2008b) Airport planning and regulation in the United Kingdom. In Winston, C., G. de Rus, G. (eds.), *Aviation infrastructure performance*, Brookings Institution Press, Washington, pp. 100–135.

Graham, A. (2011) The objectives and outcomes of airport privatisation, *Research in Transportation Business and Management*, special issue 1: Airport Management, August.

Holvad, T. and A. Graham (2004) Efficiency measurement for UK Airports: An application of data envelopment analysis. *The Empirical Economics Letters*, 3 (1), pp. 31–39.

Humphreys, I. (1999) Privatisation and commercialisation: Changes in the UK airport ownership patterns, *Journal of Transport Geography*, 7 (2), pp. 121–134.

International Civil Aviation Organisation (2008) *Ownership, organization and regulatory practices of airports and air navigation services providers 2007, July*, available from http://www.icao.int/icao/en/atb/epm/Ecp/Report_OwnershipStudy_en.pdf. [accessed 30 June 2010].

Parker, D. (1999) The performance of BAA before and after privatisaton: A DEA study. *Journal of Transport Economics and Policy*, 33 (2), pp. 133–146.

Starkie, D. (2010) The airport industry in a competitive environment: A United Kingdom perspective. In Forsyth, P., Gillen, D., Mueller, J. and Niemeier H-M. (eds.) *Airport competition: The European experience*, Ashgate: Aldershot.

# 第3章

# アジアにおける航空競争の将来

篠辺　修

## 1　アジアにおける航空ビジネス競争の激化

欧米も含め、先進国経済の成長鈍化が懸念されるなか、新興国の著しい成長を、言わば内需のように取り込んでいくことが、先進国各国の重要な成長戦略となっております。とりわけ日本においては、経済の長期低迷により、この二〇年間の名目成長はほとんど無いと言ってよく、少子高齢化や人口減少が益々進行するなか、著しいアジアの成長を取り込んでいくことは、国家としての重要な成長戦略であることは間違いないと考えます。

航空旅客においても、アジア地域においては今後とも著しく伸びると見られており、ＩＡＴＡ（国際航空運送協会）の予測でも、二〇一三年まで、アジア太平洋域内の旅客数は年率七％以上の伸びで推移すると見られています。

その成長する「パイ」へのアプローチも含め、アジアにおいてもＬＣＣ、いわゆる「ロー・コスト・キャリア（Low Cost Carrier）」といわれるビジネスモデルを中心として、航空ビジネス競争が激化しており、航空自由化と呼ばれるオープンスカイ政策の推進や空港容量の拡大といった、航空ビジネスをめぐる事業環境の変化もあり、日本にも多くのＬＣＣが参入しつつあります。

このような背景を受け、今年に入り、日本においても、大手航空会社による日本をベースとしたＬＣＣの立ち上げが発表されるなか、今後のアジアにおける航空ビジネスを展望する上で、「ＬＣＣ事業」というものがひとつの大きなキーワードになるのは間違いないと考えます。

## 2　LCC事業モデルについて

図1には、「LCC事業モデルとは?」ということで、これまでのエアラインと違って、LCC事業モデルとはどのような航空ビジネスモデルなのかということをまとめております。

これまでエアラインというと、お客さまから見ますと、「便利だけれども運賃が高い」というのが一般的な印象かもしれません。それに対してLCC事業モデルは、言わば〝発想の逆転〟ということになります。これまでの「便利だけど高い」を「不便かもしれないけれども安い」という発想にしたと捉えればいいのではないかと考えます。

図1では、「機材の稼働率を上げて、生産性を高く、簡素なサービスで、低いコスト構造」としておりますが、実を言うと、これらは、程度の差はあれ、従来のエアラインも目指してきたところです。よって、これらの要件だけを見ても、LCC事業モデルの特徴が顕著には分かり難いということになります。従って、さらに、「圧倒的に低いコスト構造」と、「お客様から見てこれまでの常識を覆す低運賃」ということが出てきますが、これらの実現のために、従来のエアラインとは違う発想を持ち込んだというのがLCCの事業モデルの大きな特徴だと言えます。

**図1　LCC事業モデルとは？**

■機材の高稼働率と従業員の高い生産性、並びに簡素なサービスにより、「圧倒的に低いコスト構造」を持つ。
■低コストを背景に「これまでの常識を覆す低運賃」を実現することで、新規の潜在需要を開拓、他交通モード（鉄道等）とも十分に競合可能で、市場シェアを伸ばしている新興のキャリア。

**低コストの実現を可能とする特徴的な事業構造**

〈運航〉
・機種の統一
・短距離区間運航
・短い折返し時間
・郊外空港の活用
・2地点間の高頻度運航

〈営業〉
・単純、簡素な価格設定
・チケットレス
・WEBによる独自の予約、決済システム
・他社とのインターライン実施せず
・FFPは通常無し

〈サービス〉
・ASR（事前座席指定）実施せず（有料提供するケースあり）
・ラウンジサービスなし
・有人サービス限定
・機内サービスの撤廃 or 有料化
・モノクラス

〈その他〉
・安価な労働力の活用（低い平均年齢）
・空港係員、客室乗務員のマルチタスク化
・簡素なITシステム
・GSE（地上運航支援車）、PBB（旅客搭乗橋）を使用せず
・副収入ソースの確保（保険や物販など）

例えば、「他の交通モード（鉄道等）とも十分に競合可能」としておりますが、ＬＣＣというと、従来より、航空機が鉄道やバス代わりに気軽に使われている国であるアメリカのサウスウエスト航空が引き合いに出されます。実はここにも、「使用空港の要件」という従来の発想ではないものが持ち込まれています。サウスウエスト航空が発展を遂げる契機になったのは、近隣に、ダラス・フォートワース空港という新空港ができて、多くのエアラインが新空港に移っていくときに、当時のリーダーが〝新しいモデルをつくる〟ということで、古い、旧空港での事業を活発化したことと聞いております。

その他、図1には、「低コストの実現を可能とする特徴的な事業構造」として具体的なポイントを掲げておりますが、これら列挙したものの実現を底辺

で支え、具体的なビジネスモデルとしてLCC事業を確立させるためには、航空ビジネスにおける事業基盤の変革やその整備が必要となります。後ほどまた触れますが、例えば、「技術革新」や「規制緩和」というものが挙げられます。どの産業分野でも、新たなビジネスモデルが生まれる背景には、多くの事例において、その事業環境における〝イノベーション〟があると言われますが、航空もその例外でなく、LCC事業は、「技術革新」や「規制緩和」に加え、航空ビジネスを支えるための今までにない柔軟なビジネス形態の登場や、価値観の多様化を踏まえたお客様のニーズの変化など、変化・革新の流れのなかで、まさにタイミングよく出てきた新しいモデルと捉えることができます。

図1において、「低コストの実現を可能とする特徴的な事業構造」を少し具体的に見てみます。四つのパートに分けていますが、最初の「運航」について、実は、五つの項目のうち、四つは同じことを言っています。「機種の統一」「短距離区間運航」「短い折り返し時間」「2地点間の高頻度運航」これらは、言ってみれば、「機材の稼働率を上げるためには何が有効であるか」という一点に尽きます。しかし、従来のエアラインもこれらを考えているわけで、「より徹底的に」ということでは違うかもしれませんが、実は、ハブ・アンド・スポークと呼ばれる、メイン空港である自転車の車軸（ハブ）とそこから伸びるスポーク構造のような、多くの従来型のエアラインの運航モデル

も、実は、「2地点間の高頻度運航」とか、「短距離区間運航」のモデルの一つと捉えることができます。

もう一つの項目、最初の「運航」の中での「郊外空港の活用」というのが、実は特徴的な、新たな発想と言えます。サウスウエスト航空の事例もそうですが、従来とは違うモデルをつくるために、その都市における第二の空港、いわゆる「セカンダリー・エアポート」をはじめとした郊外の空港を利用するという運航形態が挙げられます。本来、定期便が就航する空港なのかどうか、言い方は悪いけれど、言わば世の中からは忘れ去られようとしている空港を活用するということが実はとても面白い発想になります。

二番目の「サービス」について、これらは、「その他」項目にある「副収入ソースの確保」と密接に関係があります。従来のエアラインは、運賃の中にサービスの料金も含んでおり、食事もそうですし、地上でのラウンジ、お酒、ブランケット、アメニティー・オーディオ（ヘッドホン）など、シンプルに移動に関係するもの以外の全部を入れ込んでいるわけです。

実は、一九八〇年代に、従来型のエアラインが収入を上げなければならないことがあって、お酒代は有料にしようとしたことがあります。もともと大昔は有料で、それが無料になった後、また有料化の動きが出てきました。しかし、どこか一社が無料を始めてしまうと、競争ですから有料にできなくなり、そのような繰り返しで、航空会社の基本的なサービスというのは、ほとんどが無料であることを前提としてきました。つまり、運賃が高い理由の一つが、こうした付帯サービスコストが全部運賃に入っているということなのです。そこで、ＬＣＣは、サービス競争という概念ではなく、徹底的に差別化したビジネスモデルという概念で、飛行機を飛ばすために必要なものだけで構成した運賃にしようとしました。

無論、「それでは利益が出ないのではないか」ということになりますが、そこで出てくるのが副収入ということです。「有料化」できるものはすべて「有料化」して、いわゆる「外出し」をするのです。「私は移動だけを目的にしています」ということで、例えば身近なバスや電車に乗った時は、移動のための運賃を支払っているわけですが、それ以外は全部有料という考えを持ち込んだわけです。

これらの付帯サービスの「外出し」「有料化」と、誰も来ない不便な空港を使うということが大事なところで、そうすれば営業活動も必要なく、座席の販売はウェブサイト一つあれば充分ということになります。

いま、ウェブサイトに触れましたが、ここで少しこれまでの航空業界のＩＴ化の動きを振り返ってみます。

一九八〇年代を中心に、航空会社間の「CRS（コンピューター・リザベーション・システム）戦争」というものがありました。言わば、大手航空会社独自のコンピューターシステムによる顧客の囲い込みです。当時、大型コンピューターが使えるような多額の投資ができるのは大手航空会社でしたから、コンピューターに多額の投資をして、予約競争の中で囲い込みを図ったわけです。コンピューターの予約ではどうしても大手航空会社のものに入っていきます。そうすると、行き先、時間帯別に、上から順番に、その会社のもの、次に系列、下へ行くほど新興会社になるようになっており、自動的にCRS所有大手航空会社のチケットの方が売れるような構造、しかも、こぞって、幾つかのCRSに所属しないと商売ができないような時代を、実は大手航空会社が囲い込みでつくっていたのです。

その後のIT環境の変化と発展は周知のとおりですが、インターネットの普及で、大型投資も必要なく、CRS戦争の時代のような、顧客の囲い込みが仕組みとして難しくなったという大きな事業環境変化が起きました。今日では、あらゆる産業、特に「B to C」の産業では、インターネットを活用した販売モデルが欠かせないものとなっていますが、LCC事業モデルにおいてはより徹底しており、結果として無論営業活動も必要無いということになります。冒頭に申し上げましたように、「不便かもしれないけれども安いぞ」あるいは「営業的アプローチでなく口コミで結構です」

ということにもなります。従って、他のＦＦＰ（フリクエント・フライヤーズ・プログラム）、いわゆるマイレージプログラム等も必要なくて、「我々はこういうビジネスをお客さまに提供するので、それでいいお客さまはどんどん来てください」ということで差別化を徹底的に実施したわけです。

また、コスト構造の中でも、「人件費」によく注目が集まります。図１の「その他」にも「安価な労働力の活用」と掲げております。これは正確に言えば、安いというより生産性が高いと言ったほうがより適切です。

例えば、パイロットの賃金体系がよく話題になりますが、従来型のエアラインのパイロットはあまり働いていなくて、ＬＣＣのパイロットはうんと働いていると思う方が沢山おられると思いますが、実は違います。例えばＡＮＡのパイロットでも、欧米線を飛んでいるパイロットは、月間において七〇～八〇時間乗務します。この七〇～八〇時間というのは、ＬＣＣのパイロットも実はここまでで、これ以上は飛べません。ですから、ＬＣＣのパイロットがすごく安いというのは誤りで、実際、ＬＣＣのパイロットでも、従来型のエアラインと同じ給与水準のパイロットも存在するわけです。安いというよりは、その機材稼動率の高さとそれに適した柔軟な乗務割りにより、欧米線とそれ以外の路線での勤務構成、あるいは国内路線のみでの勤務構成において、相対的にかつより顕著に生産性が高いと捉えることが適切な見方であると考えます。

## 3　ＬＣＣ事業におけるダイヤの特徴

次に、ＬＣＣ事業モデルの特徴を、機材稼動やダイヤの面から見てみたいと思います。図２において、既存社というのは、実はＡＮＡの関西空港の例で、横軸に時間、縦軸に機材が幾つか並んでいます。見づらいと思いますので、極端な言い方をすれば、〝絵〟として感覚的に見て頂きたいのですが、一番上の１という機材は、ボーイング７６７で実際に運航している例ですが、濃い帯の部分だけ注目して下さい。午前七時半頃に羽田を出発し、関西空港に九時前に到着、暫くして午前一一時前に香港に出発し、午後三時前に香港に到着、香港から折り返して午後七時半頃に関西空港に到着した後、再び東京へ戻るという、一日の一連のパターンを表示しています。同じように、次の２という機材はボーイング７３７です。

ご承知のとおり、関西空港は二四時間空港ですので、「なんだ、夜中は飛ばさないのか」「(飛行機が動いていない) 隙間が多いじゃないか」と思われるかもしれません。図２の上の表で、例えば、

図２　機材稼動・ダイヤの例

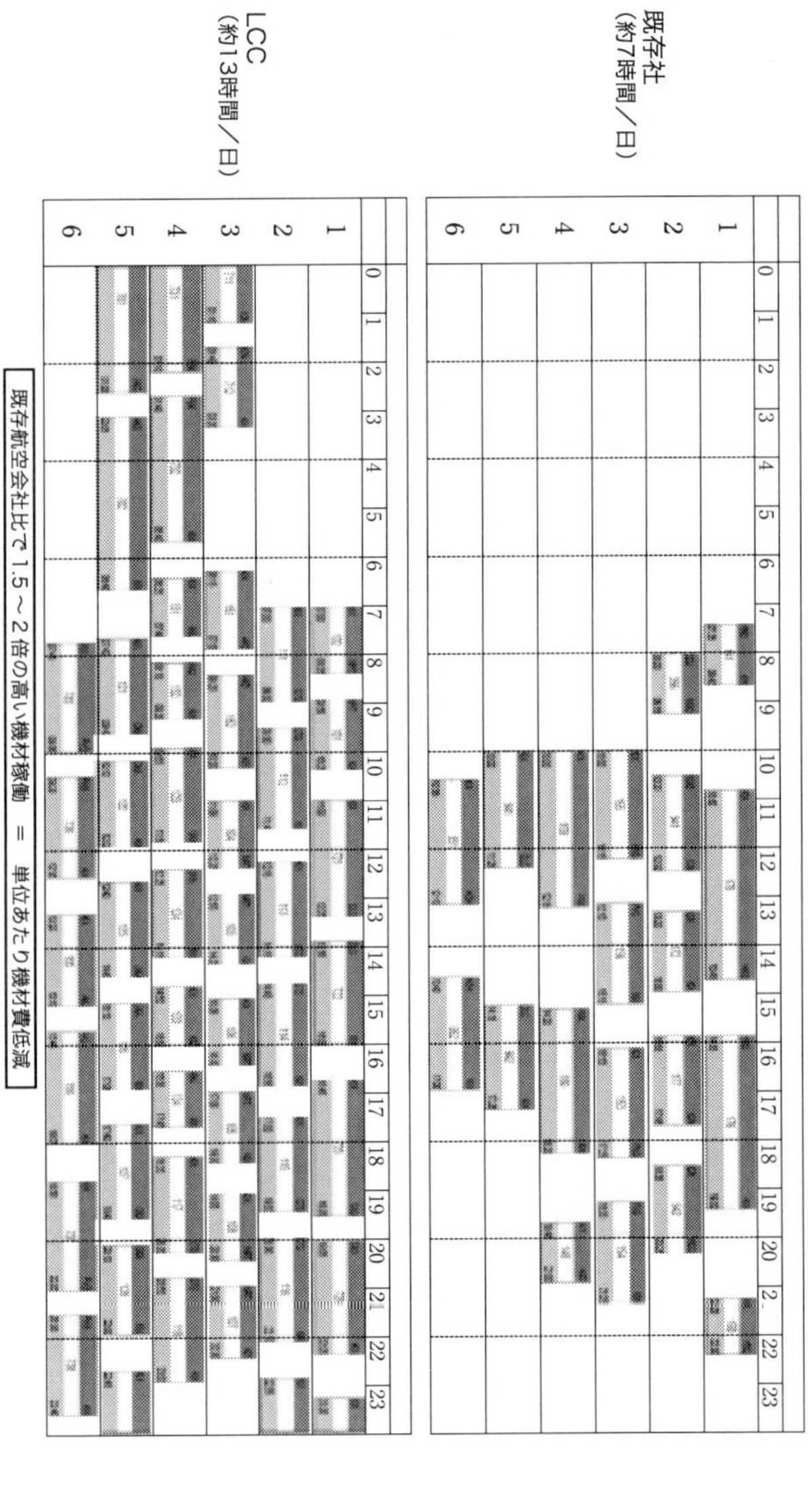

午前のスタートの時間が一〇時前後に一定程度揃っていることにお気づきだと思います。これは従来型のエアラインの特徴で、いわゆるバンクと呼んでいますけれども、朝の九時とか一〇時、あるいは、夕方は五時とか六時、七時ぐらいまで各便の到着と出発を合わせます。直行便がなければ便を乗り継いでの利用になりますので、このように出発と到着時間を乗り継ぎに便利な時間帯に合わせて集客を図っているのですが、これは、反面、効率を犠牲にしてきたとも言えます。しかし、そうしないとお客様から選ばれなかったという事情があります。

では、LCC事業モデルではどうするかということですが、図2の下の表のように密度を濃くするわけで、同じ飛行機一機でも、多くの時間飛ばします。高い機材稼動率を実現し、単位あたりの機材費を徹底的に低減させるということになります。

実は、過去にANAで、実際に下の表のようなダイヤを作ったことがありましたけれども、売れませんでした。当時はそういうモデルがないことと、便利ではないのでお客さまが使いづらいということがありましたが、今からすれば事業モデルとして中途半端だったとも言えます。ただ、当時は、機材稼動面でこのようなLCCモデルが出てきても同じだったと思います。現在、LCCができて、その事業モデルが成立する背景というのは、セカンダリー・エアポートのようなものができたこと、事業モデルの徹底化とともに、お客様の方でニーズがはっきり出てきたということかもしれません。

図２においての既存社というのは「大手だけでは？」という疑問もあるかと思います。ご承知のとおり、国内でも、スターフライヤーとか、スカイマークは、夜中も運航しています。スターフライヤーは、北九州便について、羽田が二四時間化した頃、夜中に運航を実施しておりましたが、残念ながら今は夜中に飛ばすのをやめています。スカイマークは、現在、羽田＝沖縄で夜中に運航しており、羽田から夜中の間に沖縄に行って戻ってくる運航は実現しているわけで、日本でも、いわゆる新興のエアラインは、機材稼動において新しいモデルにチャレンジを始めているということだと思います。いずれにせよ、図２の下の表のような機材稼動やダイヤが、ＬＣＣの一つの特徴だと言えます。

## ４　生産性やサービスの指標

ＬＣＣは、「安かろう、悪かろう」なのか、また、「人件費は高いのか、安いのか」ということを指標で見てみます。表１には、運航実績や人件費等の指標を掲げています。

**表1　運航実績・人件費等**

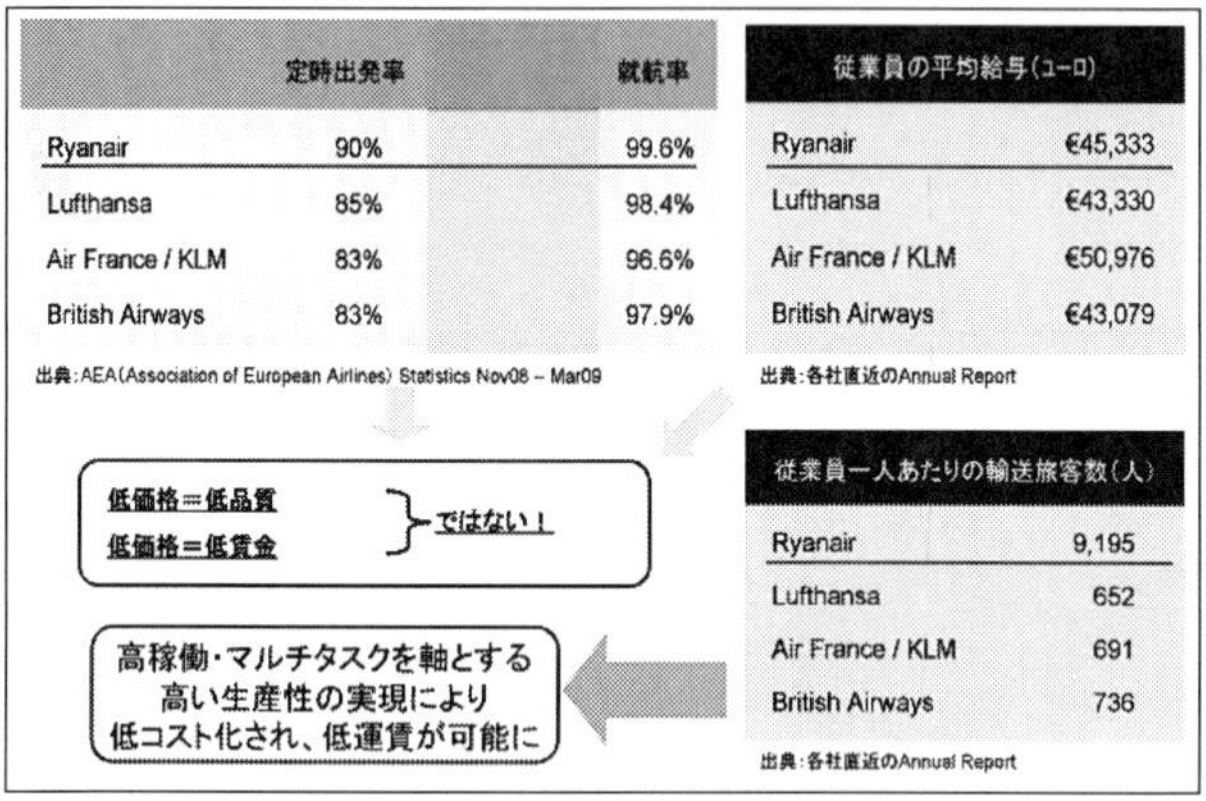

| | 定時出発率 | 就航率 |
|---|---|---|
| Ryanair | 90% | 99.6% |
| Lufthansa | 85% | 98.4% |
| Air France / KLM | 83% | 96.6% |
| British Airways | 83% | 97.9% |

出典：AEA（Association of European Airlines）Statistics Nov08 – Mar09

| 従業員の平均給与（ユーロ） | |
|---|---|
| Ryanair | €45,333 |
| Lufthansa | €43,330 |
| Air France / KLM | €50,976 |
| British Airways | €43,079 |

出典：各社直近のAnnual Report

| 従業員一人あたりの輸送旅客数（人） | |
|---|---|
| Ryanair | 9,195 |
| Lufthansa | 652 |
| Air France / KLM | 691 |
| British Airways | 736 |

出典：各社直近のAnnual Report

低価格＝低品質
低価格＝低賃金
ではない！
高稼働・マルチタスクを軸とする
高い生産性の実現により
低コスト化され、低運賃が可能に

まず、「定時出発率」を見てみます。ヨーロッパのライアンエアーというＬＣＣと大手の定時出発率が示されていますが、ライアンエアーは大手と比較して、特に定時出発率は格段に良いわけで、就航率も優れています。「ライアンは、セカンダリー・エアポートを多く使用しているので、比較的混雑していない分、定時出発率が高いのではないか」という見方もあると思いますが、いずれにせよ大手より優れた値を出しているのは変わりありません。また、ライアンは、定時性や就航率等の信頼性が低いと、ＬＣＣが安全についても力を入れていないのではないかと錯覚されかねないということで、定時出発率等の信頼性に係る数値については結果を出すことを大事な目標にしていると聞いております。

同じく表1には、「平均給与」と「従業員一人あたりの輸送旅客数」を掲げています。「平均給与」では、ライアンと大手ではあまり変わりはありません。「従業員一人あたりの輸送旅客数」は、事業領域が欧州域内中心か、そうでないか等の、いわゆる路線構成でも変わってきますが、いずれにせよライアンが多くなっており、給与水準も含めれば生産性が高いと言えます。このような指標からも言えることは、「ＬＣＣは、低価格で低品質　かつ　低価格で低賃金」というのは必ずしも当てはまらなく、高い生産性の実現により、低コスト化と低運賃を可能とするモデルであると言えます。

## 5　技術革新と規制緩和の流れ

先述の「2　ＬＣＣ事業モデルについて」の中で、ＬＣＣ事業の特徴的な構造を実現するための事業基盤の変革や整備として、「技術革新」と「規制緩和」を挙げました。また、前節で「定時出発率」等の運航実績にも触れましたので、この点も含めて少し補足しておきます。

ＬＣＣモデル事業を可能とする「技術革新」ということでは、機材の例が挙げられます。ＬＣＣと呼ばれるエアラインが使っている飛行機は、概ね二つの機種であり、エアバスではＡ３２０シリーズで、ボーイングであればB737シリーズです。いずれも一五〇席から二〇〇席ぐらいの機材ですが、世界中で両機を合わせると、もう既に飛んでいないものも含めて一万機を超えようとしている大ベストセラー機です。別の言い方をしますと、それだけ品質が安定していて、大げさに言えば、誰が飛ばしても安全に飛ばせるぐらい品質が良くなっています。これらの座席数規模で、安定した品質の機材が出てきたことが、LCC事業モデルを可能とした大きな要因であるとも言えます。

次に、「規制緩和」についてです。日本でも、スカイマークが設立されるときに、日本国の航空法が変わらないと、事実上設立できなかったと言えます。スカイマークがLCC事業モデルかどうかということではなく、規制緩和による新規参入という事例で出していますが、それまでは、航空会社は自社で整備ができないと、航空会社としての運航が認められないというものが航空法にありました。が、規制緩和により、自分たちで必ずしも整備しなくてもいいという項目が入ったわけです。それまでは、言わば、自分のところできちんと整備ができるぐらい投資をしてくれないと、安全性が担保できないという考え方でしたが、それが、ちゃんとした整備専門会社でもいいということになったのです。これは、日本の中で大きな転換点になりました。新規参入という点だけでなく、高い機材稼動率等のLCC事業モデルを可能とする様々な規制緩和は、今後日本でLCCが大きく育つためには是非とも必要な事業環境の整備と言えます。

「技術革新」や「規制緩和」に加え、今までにない柔軟なビジネス形態の登場ということでは、リース会社の存在も大きいと思います。航空機そのものが、一機あたり、何十億円、中大型機になると何百億円もするものですから、資金調達という面では大変苦慮します。そこで、大手のリース会社が、小さな航空機を百機単位で抱えて、「航空会社を立ち上げたい人には、いつでもお貸しします」という状態になってきたのも、ＬＣＣモデルの事業基盤を支えるビジネス環境の変化と捉えられます。

さらに、ビジネス形態の変化としては、空港ビジネスの変化というものも挙げられます。ヨーロッパには多くのエアポートが存在し、しかも民営化が進められたことで、エアポート自体が航空会社をどう誘致するかという、ビジネスベースでエアラインと話を始めました。大手が、大都市に近い、便利で大規模な都合のいいエアポートだけに目を向けていたところ、そうではないエアポートがＬＣＣの事業戦略上とても有効だということをＬＣＣが証明しつつあって、かつ、エアポートもそれに応えるようなビジネスの提案をしてきました。これらのエアポートの活動もＬＣＣモデル事業を拡大する流れを作ってきたと考えられますし、今後日本でもこのような傾向が進むのではないでしょうか。特に首都圏については、これから空港の発着容量が拡大しますし、関西空港や中部空港、それから北九州空港もそうですが、二四時間稼動を標榜している空港については、大きなビジネスチャンスを既に持っているということになります。

いずれにせよ、新たなビジネスモデルが生まれる背景には、事業環境における多くのイノベーションがあるといわれますが、航空もその例外でなく、「技術革新」や「規制緩和」に加え、今までにない柔軟な発想のビジネス形態の登場や、変化・革新の流れがあり、その潮流の上にＬＣＣ事業モデルが実現可能になったと言えます。

## 6　各地域におけるＬＣＣ事業の現状と今後

表２の「ＩＡＴＡ輸送旅客数ランキング」を見ると、国際線では、ヨーロッパのライアンエアーが一位、国内線では、アメリカのサウスウエスト航空が一位になっており、それぞれＬＣＣと呼ばれる航空会社が大手を凌駕する勢いとなっています。

また、表３では、「地域別ＬＣＣの市場浸透度」が示されていますが、少し前のデータになるものの、北米と欧州がすでに市場シェア三〇％程度であるのに対し、アジアではまだ一二％程度に過ぎません。この数値をみてもアジアはこれからという言い方ができます。ただ、アジアにおいても、急速にＬＣＣ事業が発展しつつあり、図３と図４は、アジアにおけるＬＣＣの現状と、日本に

**表2　IATA 輸送旅客数ランキング（2008）**

| 国際線 | | | 国内線 | | |
|---|---|---|---|---|---|
| Rank | Airline | Thousands | Rank | Airline | Thousands |
| **1** | **Ryanair** | **57,647** | **1** | **Southwest** | **101,921** |
| 2 | Lufthansa | 42,151 | 2 | American | 71,618 |
| **3** | **easyJet** | **35,417** | 3 | Delta | 59,499 |
| 4 | Air France | 32,508 | 4 | China Southern | 54,154 |
| 5 | British Airways | 29,054 | 5 | United | 53,307 |

**表3　地域別 LCC の市場浸透度**

| | North America | Europe | Asia |
|---|---|---|---|
| LCC 市場シェア＊1 | 28% | 30% | 12% |
| 人口（百万人） | 335 | 490 | 3,900 |
| LCC 数 | 13 | 44 | 43 |

（出典）Airbus Global Market Forecast 2007
＊1：提供座席数による市場シェア

参入しているＬＣＣを表したもので、空港の容量の拡大や規制緩和など、日本が遅れた理由はそれなりにありますが、間違いなく今後とも参入社がたくさん出てくるものと考えますし、現状のＬＣＣのシェアはアジアでも既に一二％を超えてきているものと思われます。

アジアで特筆すべきは、図３の左下に掲げています、エア・アジアとタイガーです。各国の航空会社は、外国の資本規制が多かれ少なかれあるのが通常です。日本航空でも全日空でもいいですけれども、例えば、シンガポールＪＡＬをつくる、あるいはバンコクＡＮＡをつくるというと、子会社ということでは、外国資本等の制限があって出来ません。そこで、オーストラリアのカンタス航空の子会社のジェットスターもそうですが、彼ら

## 図3　アジアにおけるLCC

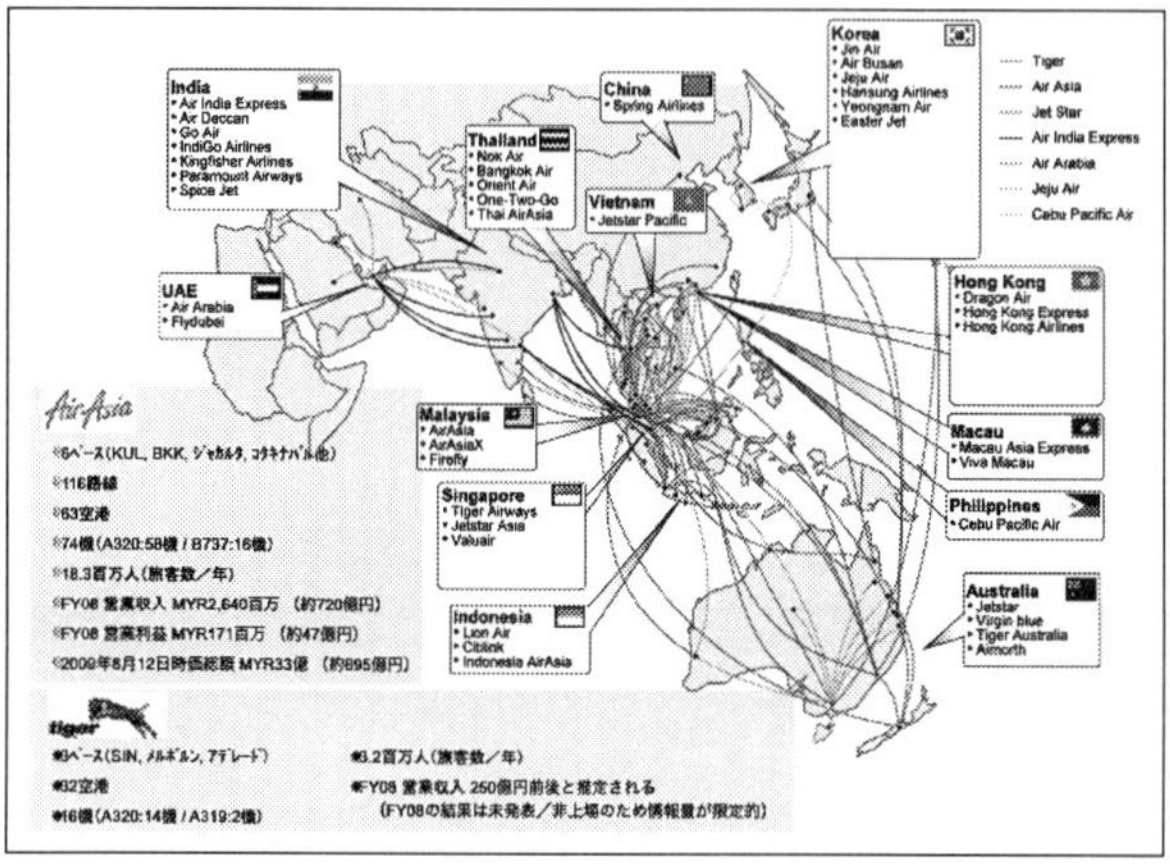


## 図4　続々と日本に参入してくるLCC

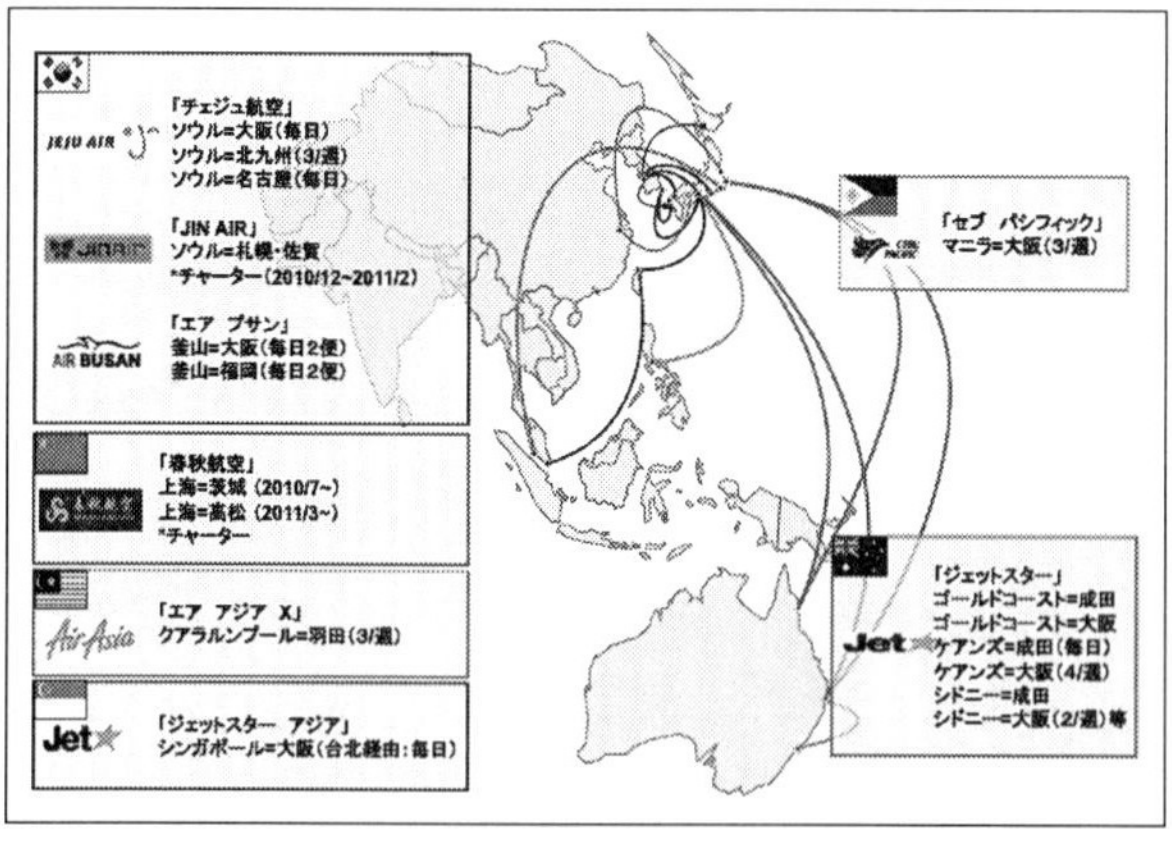

**表4　英国―EU間におけるエアライン・タイプ別の旅客数の変遷**

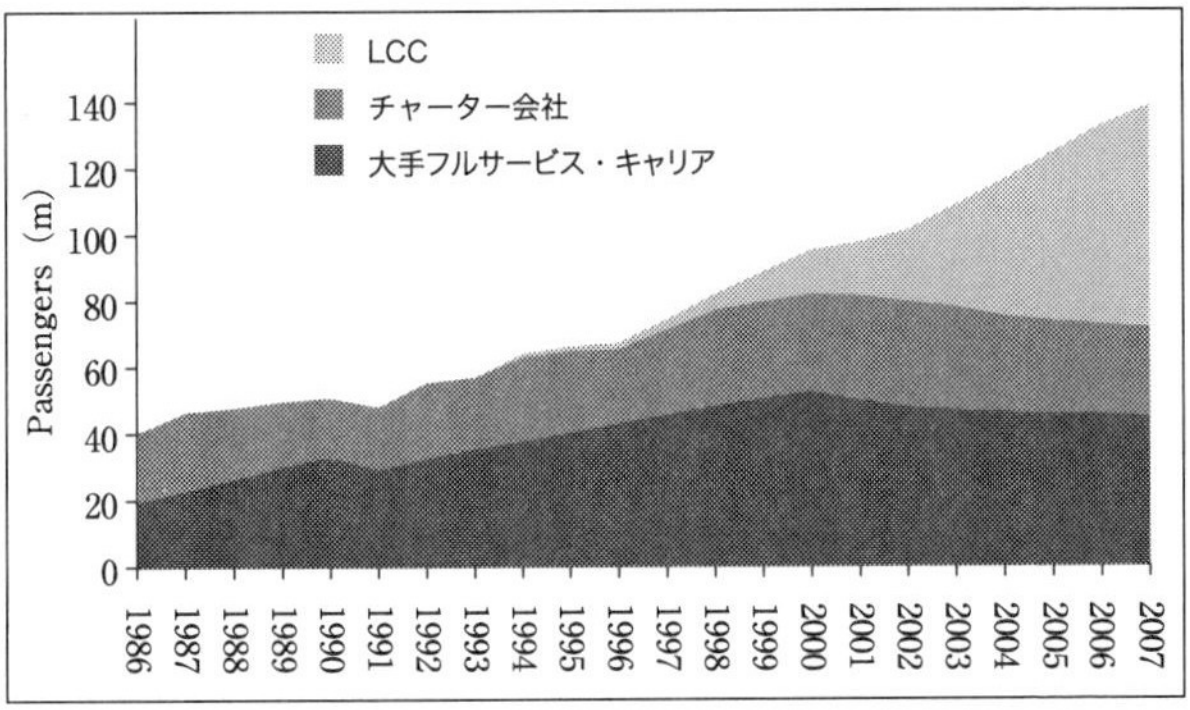


は、各国の資本と組んで、いわゆるフランチャイズ方式のようなもので、アジア域内で急速に事業を広げているのです。いわば日本でのコンビニエンス・ストアの手法を、エアラインビジネスにも持ち込んでいるとも言えます。

　また、ヨーロッパにおけるデータで、少し触れておかなければならないものがあります。表4は、近年の英国―EU間における旅客数の変遷です。三層の地層のようになっていますが、一番上がＬＣＣと呼ばれるエアラインの旅客数になります。一九九七年あたりからＬＣＣの旅客数が急激に伸びていますが、大手はさほど変わりはありません。これを見ると明らかで、大手の旅客をＬＣＣが奪っているのではなく、例えば今まで無かった親戚や友人への気軽な訪問需要、週末におけるセカンドハウスでの滞在への利用など、ＬＣＣが新たな航空マーケットを作ったとも言えるわけです。ただ、大手のビジネスモデルでは旅客数は増えていないのですから、大手が、その得意な分野で競争力を失っているわけではないけれど、LCCが開発した新しいマーケットがどんどん出てきている。こういった前提で航空ビジネスの戦略を立てなければならないことにもなります。

## 7　LCCの台頭に対応する大手の戦略

LCC事業モデルの世界的な拡大の流れ、とりわけアジアにおける急速な拡大、また、空港容量の拡大も受けた日本への参入等、「LCCの台頭を受けて、我々大手はどうするのか?」ということが、大手や従来型の航空会社の戦略において重要なテーマとなってきます。

ANAの議論の簡単なポイントを図5に掲げておりますが、まずは、LCC云々という前に、コスト競争力、つまり「コストが高いじゃないか」ということが自身の課題として残っており、空港容量の拡大と、オープンスカイ政策により、大手同士の競争も活発化しているわけで、大手の中でも生き残りを賭けていかなければなりません。一方、イベントリスクと呼んでいますけれども、テロだとか自然災害があって、収入が大きく乱高下する中でも利益を出せるようにしなければならな

**図５　ネットワークキャリアの戦略オプション**

【ネットワークキャリアがさらされている環境やリスク】

■ LCC の参入・攻勢
■コスト競争力（＝高コスト構造？）
■安定しない収入　←　テロ・戦争・疾病・自然災害 etc.

⇩

□ LCC と競争しない（LCC と競合する領域から撤退　※縮小均衡…）
□ LCC と競争する（自らコストリーダー子会社（LCC）を設立…）
□その他（自助努力　⇒　コスト低減のためのあらゆる努力
　　　　差別化　⇒　高付加価値サービス・ネットワーク強化
　　　　　　　　　　　　　　（アライアンス含む）etc.）

いこともあります。

　これらに加えて、新しいマーケットのＬＣＣ事業という問題が出てくるわけです。「ＬＣＣと競争をしない」「ＬＣＣと競合するところは無視して、そこは飛ばない」「ＬＣＣと勝負をしよう、そして子会社をつくる」などの議論もあり、その他、「どちらにしてもコスト競争をしなきゃならんのだから、付加価値を高める」とかいろいろポイントはあります。結果として、前節のヨーロッパの事例もありますが、ＬＣＣ事業が新たに掘り起こせると考えるマーケット領域を放っておくのかということに関しては、放っておかないとして、ＬＣＣ事業モデルの新たなエアラインを作ることに踏み切りました。言ってみれば、競争するかどうかというより、我々は、そこに新しい需要があると睨み、その需要に応えるべく、そこに合うビジネスモデルのエアラインをつくるという発想に立ったということです。

また、そこを足がかりとして、我々自身としても自助努力や差別化を研ぎ澄まし、大手同士の競争にも勝ち残っていこうという考えに至りました。

これまで世界の大手航空会社でも、子会社でＬＣＣをつくったところはありますが、上手くいかなかった例もあります。その特徴や原因として言われるのは、まず、ビジネスモデルが明確化できていないことです。親会社のビジネスモデルやブランドを引きずっていて、モデルチェンジし切れなかった、親会社と路線がバッティングするからと言って効率を重視した路線網が作れなかった例が挙げられます。逆に、特に「事業モデルにおいて親会社の影響力を排除できており、それぞれが好きにやれるようなビジネスモデルを追求」できているところが生き残っていると言えます。

ＡＮＡとしても、色々な事例を研究してきましたが、今般、関西圏におけるＬＣＣの設立と出資を決めました。「Peach（ピーチ）」というエアラインです。その特徴は、ＡＮＡから出資はしていますけれども、出資の制限をかけているところです。経営や事業戦略上の分離をしており、ブランドも全く異なるものにしています。日本の場合、特にブランドがついてしまうと誤解されることがあり、全く独立したブランドにすることに苦心しました。しかも、ピーチの徹底した事業モデルの構築や、ピーチがどういう路線を飛ばそうとしているのかについても全く関与しませんし、そうしないと上手くいかないだろうと考えております。

**図6　空港に求めるもの**

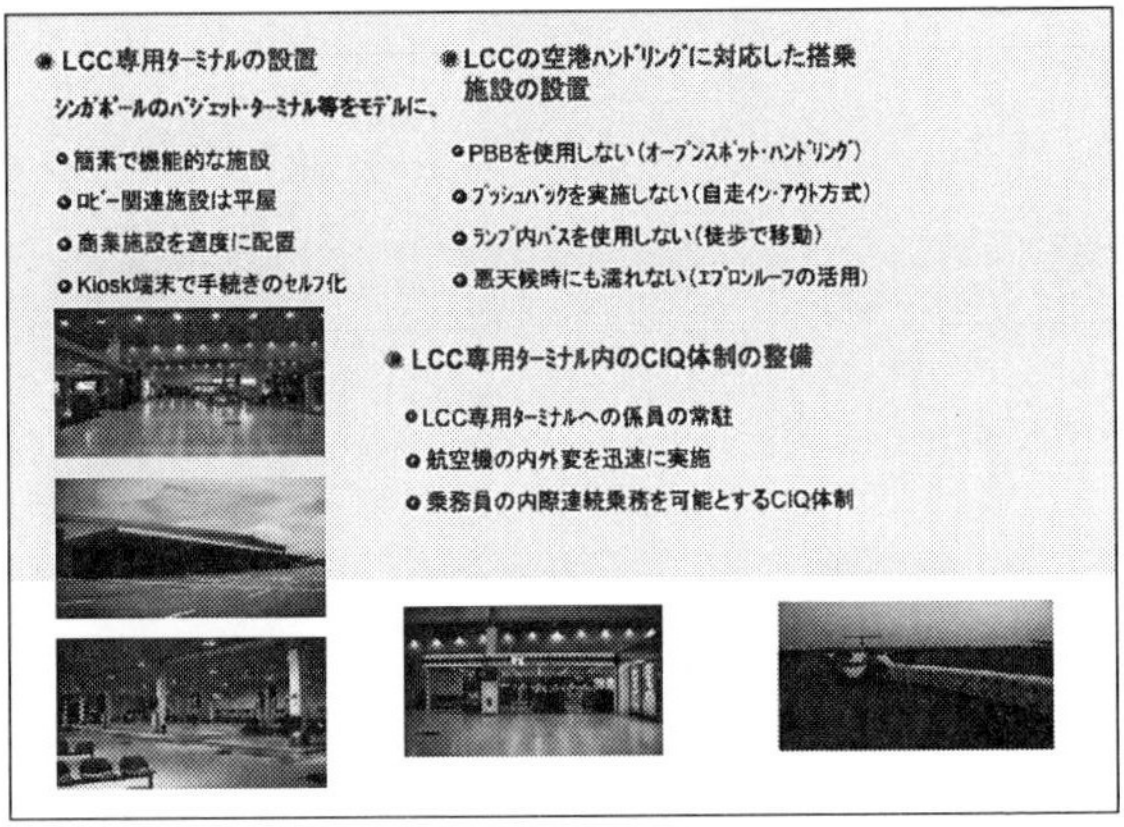
LCC専用ターミナルの設置
シンガポールのバジェット・ターミナル等をモデルに、
簡素で機能的な施設
ロビー関連施設は平屋
商業施設を適度に配置
Kiosk端末で手続きのセルフ化
LCCの空港ハンドリングに対応した搭乗施設の設置
PBBを使用しない（オープンスポット・ハンドリング）
プッシュバックを実施しない（自走イン・アウト方式）
ランプ内バスを使用しない（徒歩で移動）
悪天候時にも濡れない（エプロンルーフの活用）
LCC専用ターミナル内のCIQ体制の整備
LCC専用ターミナルへの係員の常駐
航空機の内外変を迅速に実施
乗務員の内際連続乗務を可能とするCIQ体制

## 8　空港に求めるもの

図6には、ＬＣＣ事業に必要な環境整備として、「空港に求めるもの」を列挙しております。通常エアラインが空港に求めるものは、「高品質なサービスが安価に受けられること」であると考えますが、ＬＣＣは少し違います。単純に言えば、「何も要らないし安ければそれでいい」ということです。空港のターミナルも極端に言えば雨が凌げればいいということで、立派なものは何も要らない、待合室から飛行機に乗る搭乗橋などは建設コストと維持運営コストがかかるので、そんなものは要らないということです。その代わり、使用料は圧倒的に低くして欲しいということなのです。

現時点において、シンガポールやクアラルンプールに代表されるような、ＬＣＣ事業用の簡易かつ安価なターミナルモデルは日本の空港にはまだありません。日本において、日本の空港を拠点とするＬＣＣ事業モデルを成立させるためには、空港にも新たな事業モデルが求められていると言えます。

また、他に、エアライン単独では、如何ともしがたい課題として、世界にも比して高額な「空港の着陸料」「航行援助施設利用料」、国内線に課される世界的にも稀な「航空機燃料税」が日本をベースとして就航するエアラインには課され、日本の大手はその合計額で営業費用の一〇％程度を占め、シンガポールの約五％や、アメリカの約三％を大きく上回っております。人流と物流を活性化し、拡大するアジアの需要を取り込む為には、我が国を拠点とする航空ネットワークの維持向上は不可欠であり、ＬＣＣ事業モデルの拡大と、大手航空会社の国際競争力向上のためにも見直しが図られるべきだと考えます。

アジアにおける航空競争の将来として、ＬＣＣ事業を中心に知り得るところ、考えるところを述べてきましたが、いずれにせよ、ＬＣＣの台頭には脅威も感じ、それに対応する新たなビジネス戦略には正直不安もつきまといます。しかし、新たなビジネスチャンスとして、大手も含めた日本のエアラインの活性化の一助になると信じ、今の潮流を前向きに活かしていくことが重要であると考えます。

# 第4章

# アジアのオープンスカイと空港経営の課題

花岡　伸也

## 1　アジアの空港とオープンスカイ

### 成長するアジアの航空需要

航空旅客需要は、海外旅行者数と大きく関係しています。世界の海外旅行者数を、アジア、北米、欧州の三大陸間に分けて、一九九六年と二〇〇六年の二地点間で比較してみます（図1）。アジア域内、欧州からアジア、北米からアジアの旅行者数は、一九九六年に比べて二〇〇六年は

図1　世界の海外旅行者数（2006年）

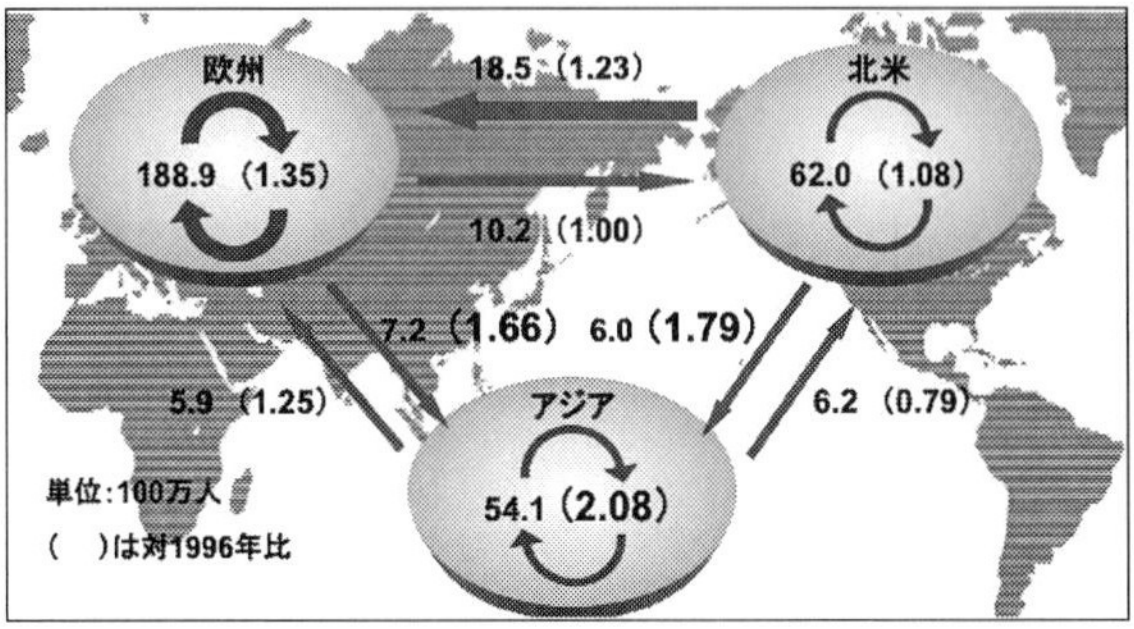


（出典）アジア太平洋観光交流センター（2008）

一・五倍以上、特にアジア域内輸送は二倍以上に増えています。北米・欧州の域内、北米・欧州間がそこまで大きく伸びていないのとは対照的です。現在、世界で航空需要が一番伸びている中心地はアジアなのです。なお、北米域内航空需要はほぼ成熟している一方、欧州ではＬＣＣ（Low Cost Carriers）が依然として成長しており、アジアほどではないものの、域内輸送は伸びています。

## アジアの国際ハブ空港

図２にアジアの国際ハブ空港の位置を示します。一二都市が含まれます。東京・上海・ソウル・バンコク・大阪は都市圏内に複数の空港があります。これらの都市を対象に、二〇〇九年の都市圏航空旅客数上位一〇都市のランキングを表１のように作成しました。旅客数では東京が圧倒的に多い結果となりました。これは過去二〇年以上、変わっておりま

**図2　アジアの国際ハブ空港の位置**

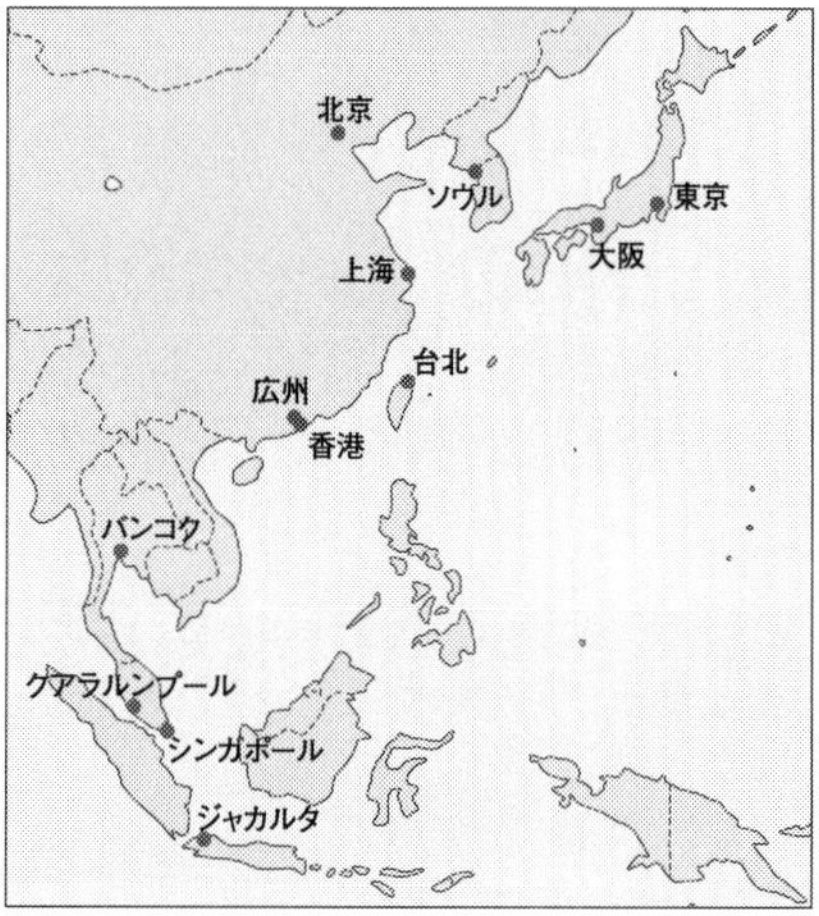


**表1　アジアの都市圏航空旅客数（2009年）**単位（千人）

| 都市 | 国際線 | 国内線 | 都市圏合計 |
|---|---|---|---|
| 1　東京 | 成田　30,894<br>羽田　2,590<br>計　33,484 | 成田　1,240<br>羽田　59,313<br>計　60,553 | 94,037 |
| 2　北京 | 14,098 | 51,273 | 65,372 |
| 3　上海 | 浦東　11,101<br>虹橋　786<br>計　11,887 | 浦東　21,000<br>虹橋　24,292<br>計　45,292 | 57,179 |
| 4　香港 | 45,558 | 0 | 45,558 |
| 5　ソウル | 仁川　28,207<br>金浦　2,496<br>計　30,703 | 仁川　469<br>金浦　12,874<br>計　13,343 | 44,046 |
| 6　バンコク | スワンナプーム　30,289<br>ドンムアン　21<br>計　30,310 | スワンナプーム　10,210<br>ドンムアン　2,445<br>計　12,655 | 42,965 |
| 7　シンガポール | 37,203 | 0 | 37,203 |
| 8　ジャカルタ | 9,362 | 27,781 | 37,143 |
| 9　広州 | 4,063 | 32,985 | 37,048 |
| 10　大阪 | 関西　9,351 | 伊丹　14,563<br>関西　4,096<br>神戸　2,330<br>計　20,989 | 30,340 |

（出典）ACI, Worldwide Airport Traffic Report 2009より筆者作成

ません。ただし、東京、それに北京や上海は、主たる旅客は国内線利用者です。東京は六四％、北京と上海は共に約八〇％が国内線です。

大阪は第一〇位となりました。一一位のクアラルンプールをわずかに上回りました。二〇〇四年に同様のランキングを作成したとき、大阪は第七位となり、神戸を除いた二空港合計で約三四〇〇万人でしたので、ランキングも下がり旅客数も減っています。アジアの大都市で都市圏航空旅客数が減っているのは、高速鉄道が開通して国内線が激減した台北だけであり、大阪の停滞が目立ちます。

ハブ空港は、国際線―国際線、国際線―国内線、国内線―国内線という旅客の乗継形態によって種類を分けることができます。アジアの中で、国際線―国際線の乗継を中心とする大規模な国際ハブ空港は、国際線の年間旅客数が三〇〇〇万人以上の香港・シンガポール・東京・ソウル・バンコクの五つです。北東アジアでは、香港・成田・仁川の三空港が国際ハブ空港としての実力を有しており、東南アジアではシンガポールとバンコクが競争しています。

これらの大規模国際ハブ空港の中で、実は成田空港は最も年間発着回数が少ないのです。発着回数の上限が制限されているため、アジアの国際ハブ空港としての機能を大きく発揮できずにいます。しかし、騒音問題対策について地元と合意のうえ、二〇一四年を目標に、年間発着枠を三〇万回まで増やすことが計画されています。これが実現すれば、成田空港も国際ハブ空港として大きな競争力を持てると思います。十分な国際線の発着枠こそが、国際ハブ空港間競争において必要不可欠な条件なのです。

## 航空自由化とオープンスカイ

国際航空輸送は、伝統的に二国間主義による制限的な仕組みに基づいて運航されてきました。制限的な仕組みとは、政府が二国間協定によって、航空会社を指定し、路線（乗入地点）、運輸権（当事国間輸送、以遠権、他国間輸送など）、輸送力（使用機材、便数）、運賃などを規定することです。これらの制限を部分的・全面的に撤廃し、航空会社が自由に各項目を決められる仕組みが航空自由化です。航空自由化には、二国間協定のもとで制限事項を撤廃する米国型の「オープンスカイ協定」と、複数国の航空市場を一つの市場に統合する欧州型の「単一航空市場」の二つがあります。近年、航空自由化の総称としてオープンスカイと呼ばれることが多くなっています。

国際航空輸送には九つの自由があります（図3）。最も基本的なオープンスカイとは、二国間協定における第三と第四の自由化であり、米国が一九九〇年代から進めています。第五の自由は以遠権とも呼ばれており、多くのオープンスカイ協定に含まれています。第六の自由は第三と第四の組

図3　国際航空輸送における9つの自由

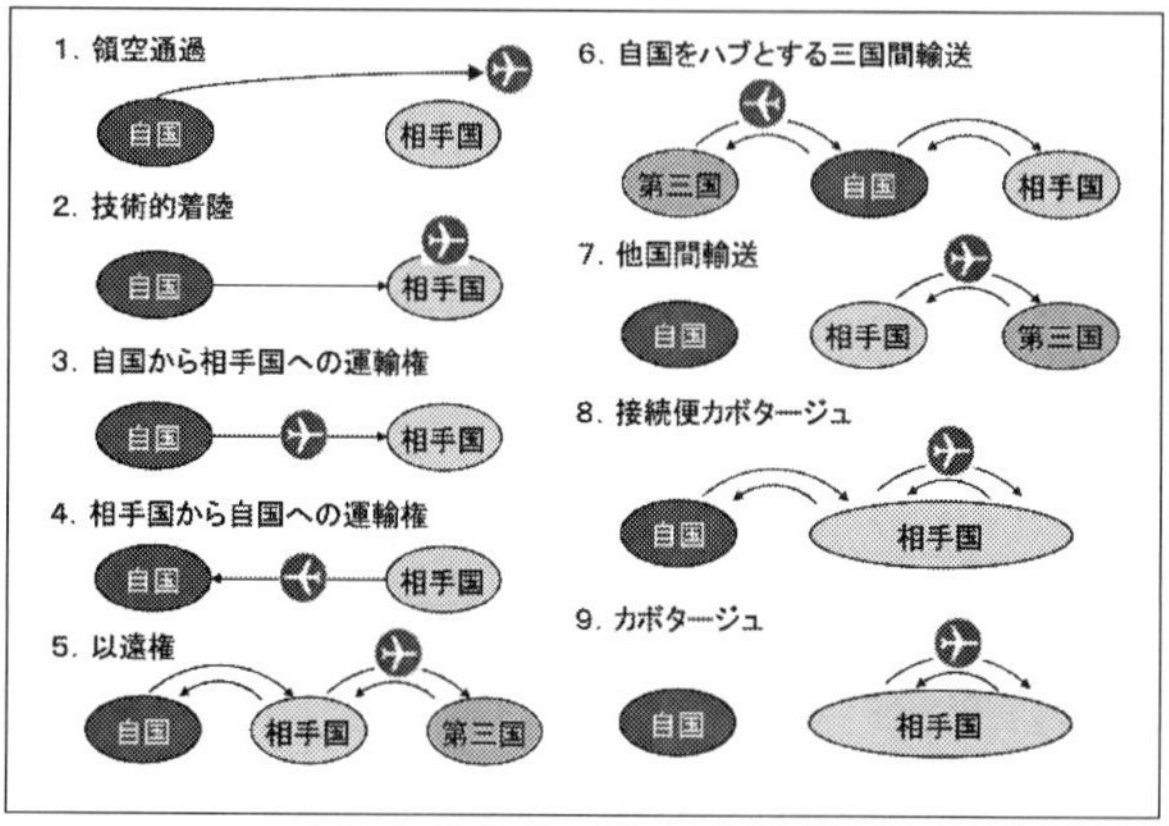


み合わせであり、第三と第四が自由化すれば自動的に自由化されます。

第七の自由とは他国間の輸送であり、例えば日本の航空会社が中国・韓国間を輸送することです。単一航空市場が実現した欧州で自由化されました。第八と第九の自由は国内線の運航権であるカボタージュの自由化（開放）であり、他国の航空会社が国内線を運航できます。これも欧州の単一航空市場で実現しました。欧州のＬＣＣの成長には、この第七、第八、第九の自由の実現が大きく影響しています。ＥＵ籍の航空会社は、欧州域内を国内線のように自由に運航できるようになったのです。欧州で最も活躍しているＬＣＣのライアンエア（Ryanair）の旅客輸送量は、単一航空市場の実現後、指数関数的に伸び続けています。ライアンエアはもはやアイルランドの航空会社とは認識されておらず、EU籍の航空会社として、EU域内を「国内」市場とみなして席巻しているのです。

## ASEANの航空自由化

アジアに目を向けると、ASEAN域内で航空自由化が進められています。首都間路線は二〇一〇年までに第三と第四の自由化が合意されています。二〇〇八年には、シンガポール―クアラルンプール路線が自由化を先行実施し、LCCがこの路線に参入しています。シンガポール―クアラルンプール路線は、それまでシンガポール航空とマレーシア航空の二社による寡占で、いわゆる「ドル箱路線（Lucrative Route）」でした。二〇〇八年になって、まず便数上限付きでLCCの参入が認められました。このとき、両国の代表的LCCであるシンガポールのタイガー航空（Tiger Airways）とマレーシアのエアアジア（AirAsia）が参入しました。さらに二〇〇八年後半になって便数制限が撤廃されました。その結果、二〇〇四年から二〇〇七年までは路線間旅客数が横ばいだったものの、二〇〇八年以降は大きく伸びています（図4）。これはひとえに航空会社の参入規制撤廃による効果といえます。タイガー航空とエアアジア、さらにシンガポールのジェットスター・アジア（Jetstar Asia）もその後に参入しており、LCC三社が需要増に貢献しているのです。合わせて、シンガポール航空とマレーシア航空も運賃を下げざるを得ない効果も出ています。これ

**図4　シンガポール―クアラルンプール路線間旅客数の推移**

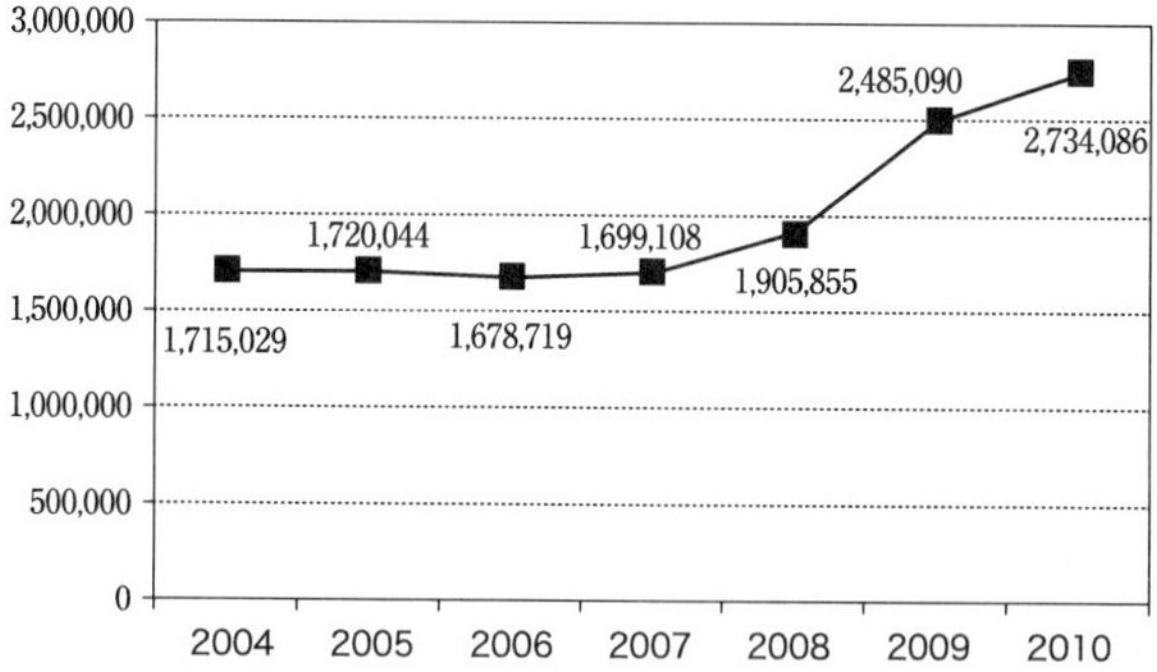


（出典）CEIC（2011）

らは、米国や欧州で進められてきた航空自由化・オープンスカイで起きた現象と同じです。

ＡＳＥＡＮ域内は、二〇一五年までに市場を統合し、単一航空市場を実現するというロードマップとアクションプランを提示しています（花岡、二〇一〇）。欧州と同様に単一航空市場と呼んでいますが、実際は、首都間だけでなくすべての国際空港間を対象にした第三、第四、第五の無制限な自由化の実現を目標としています。欧州とは異なり、第七の自由とカボタージュ（第八・第九の自由）については、ロードマップやアクションプランで具体的に触れられていません。ＡＳＥＡＮ加盟国内のあらゆる空港間を自由に運航できる単一市場ではなく、実態は多国間オープンスカイ協定に近い形です。貨物も同様に第三、第四、第五の自由化を進めており、首都間以外の国際空港間を対象にした附属書の批准も二〇一〇年内に終えました。よって、旅客よりも先に貨物のＡＳＥＡＮ域内の自由化が進むと期待されています。

私は、ＡＳＥＡＮの交通アクションプラン（五カ年計画）であるＡＳＴＰ（ASEAN Strategic Transport Plan）二〇一一―二〇一五の策定に、アカデミックコンサルタントの立場で直接携わる機会を持ちました。ＡＳＥＡＮ事務局のあるジャカルタで開催された会合に数回参加しています。ＡＳＴＰ二〇一一―二〇一五では、航空の他に、陸上、海上、制度・施設（Facilitation）があり、これら四分野の五カ年計画を考えました。その内容は報告書としてまとめられています（ERIA Study Team, 2010）。航空分野では、二〇一一年から二〇一五年までの自由化プロセスが議論の中心でした。ＡＳＥＡＮはＡＥＣ（ASEAN Economic Community）という、域内貿易の関税撤廃などを指針とする経済共同体を二〇一五年に形成しようと試みています。航空分野の市場統合は、ＡＥＣの先行事例の一つとして進められています。この五カ年計画については、二〇一〇年一一月にブルネイで開催された第一六回ＡＳＥＡＮ運輸大臣会合にて、「Brunei Action Plan（BAP）」という名前で最終的に合意されています。

航空分野の議長国はシンガポールで、シンガポールが市場統合を積極的に主導しています。この方向性にブルネイ、タイ、マレーシアも同調していますが、インドネシアが強く反対しています。

インドネシアの場合、ガルーダ航空がシンガポール航空やタイ航空、あるいはマレーシア航空と比べて競争力が劣るのが一つの理由です。自由化により、ガルーダ航空の利用客を競争相手に奪われてしまうという懸念です。また、インドネシアは国際空港をASEAN加盟国内で最も多く持っています。そこに海外の航空会社、特にアジア最大のLCCであるエアアジアが自由に入ってくることを恐れています。ガルーダ航空のみならず、インドネシア国籍のLCCが旅客を失う可能性もあります。

多国間の議論において意見の一致を見るのは難しく、一筋縄ではいかないことを、ASEANの会合に参加することで、間近に見ることができました。

## 日本のオープンスカイ

日本においても、二〇〇七年に発表されたアジアオープンスカイをきっかけとして、オープンスカイ協定が徐々に合意されています。二〇〇七年の韓国・タイを皮切りに、二〇〇八年に香港・マカオ・シンガポール・マレーシア・ベトナム、二〇〇九年にカナダ、二〇一〇年にスリランカそして米国と、二〇一〇年末現在で一〇地域・国と合意に至っています。当初、首都圏二空港はオープンスカイの対象外でした。しかし、二〇一一年六月時点、米国・韓国・シンガポール・マレーシア・

ベトナムとの協定では、成田空港もオープンスカイの対象空港に含まれています。成田空港の発着回数が二〇一三年夏期から増加すると公表され、それに合わせた航空協定が結ばれ始めているのです。以遠権についても当初は対象外でしたが、米国・シンガポール・マレーシアなどとのオープンスカイ協定には含まれる予定となっています。

オープンスカイ協定に合意した地域・国の中で、合意以後に参入した航空会社は、韓国からLCC四社、香港エクスプレス、香港航空などがあります。オープンスカイの効果としての新規参入航空会社や新規路線はまだ少ないものの、成田空港が対象空港に含まれたことで、二〇一三年以降に多くの航空会社が日本に参入することが期待されています。それによって航空会社が互いに競争し、競争の結果として起きるサービスの向上や航空運賃の低下こそ、航空自由化・オープンスカイによって期待される最大の効果なのです。米国や欧州、アジアで既に起きていることであり、日本でもその効果は確実に表れるでしょう。

## 2　アジアのＬＣＣの展開

### ＬＣＣとは？

ＬＣＣについては、学術的に厳密に定義されているわけではありません。「効率化の向上によって低い運航費用を実現し、低価格かつサービスが簡素化された航空輸送サービスを提供する航空会社」と、日本語版のウィキペディアに書いてあります。いつも学生には、「レポートを書くとき、ウィキペディアは信用できないことが多いから引用してはいけない」と指導しています。何を隠そう、ウィキペディア上にこの定義を書いたのは私です。二〇〇七年頃に書いて以来、定義のところは書き変えられていないので、これで問題ないと考えております。

ＬＣＣは米国のサウスウエスト航空が一九八〇年代に始めたビジネスモデルです。表２はそのオリジナルモデルです。しかし、ＬＣＣも多様化が進んでおり、サウスウエスト航空の初期ビジネスモデルを忠実に守っているのは、世界でも唯一ライアンエアだけかもしれません。サウスウエスト航空自身も新しいビジネスモデルを模索しています。それでもなお、ＬＣＣの原点は表２に示したサービス特性、運航特性にあります。

**表2　サウスウエスト航空のＬＣＣオリジナルモデル**

| | | | | |
|---|---|---|---|---|
| サービス特性 | | | | |
| 1 | 運賃 | 低価格 | | |
| 2 | 流通 | インターネットによる直接予約・販売　乗継なし | | |
| 3 | 機内 | 1クラス制 | 座席指定なし | |
| | | 機内食有料 | 娯楽設備なし | |
| 4 | 運航頻度 | 高い | | |
| 5 | 定時性 | 良い | | |
| 運航特性 | | | | |
| 1 | 機材 | 1タイプ（中型機） | 高稼働率 | |
| 2 | 運航距離 | 平均800km（500マイル）以下 | | |
| 3 | 空港 | セカンダリー空港 | 非混雑空港 | 素早い折り返し時間 |
| 4 | 従業員 | 競争的賃金 | 高生産性 | |

（出典）Doganis（2001）に基づき筆者作成

ＬＣＣの世界市場におけるシェアは大きく変化しています。供給座席数ベースのＬＣＣシェアの実績値（イカロス出版、二〇一〇）によると、二〇〇一年から二〇〇九年の二地点間で、世界全体が八％から二二％、米国が一八％から二八％、欧州が五％から三二％、アジア太平洋が一％から一六％と、各地域でＬＣＣの供給座席数シェアが大きく伸びています。一方、週刊東洋経済（二〇一〇）で示された旅客数シェア（コンサルタント会社による推定値）によると、二〇〇一年から二〇〇八年の二地点間で、北米が三一％から四二％、欧州が一八％から四三％、アジア太平洋が六％から二三％となっています。供給座席数と旅客数の数字が異なるのは、前者が実績値で後者が推定値という違いもありますが、実際のところ、ＬＣＣはロードファクター（座席利用率）がネットワークキャリアよりも高いことが主たる理由と考えられます。

米国と欧州では旅客数ベースで五〇％に近づいており、ＬＣＣ市場は成熟に向かっていると言えます。対照的に、アジア太平洋ではこれからもＬＣＣが大きく伸びる余地があります。図１で示したように航空需要自体が伸びているだけでなく、一人当たり所得が増加している新興国が多く、ＬＣＣで「初めて航空を利用する」潜在利用者が多いと考えられているからです。

## アジアのＬＣＣと合弁会社

現在運航中のアジアの主要ＬＣＣは、北から韓国のJeju Air、Jin Air（大韓航空出資）、Air Busan（アシアナ航空出資）、Easter Jet、T' Way Airlines、中国の春秋航空、フィリピンのCebu Pacific、タイのNok Air（タイ航空出資）、マレーシアのエアアジア、firefly（マレーシア航空出資）、シンガポールのタイガー航空（シンガポール航空出資）、インドネシアのLion Airなどがあります。豪州のジェットスター（カンタス航空出資）は、ジェットスター・アジアとしてシンガポールに拠点を持っています。さらに、タイ航空やシンガポール航空は、中・長距離向けの別の新規ＬＣＣの設立を検討しています。大手ネットワークキャリアの子会社である場合、括弧内に主たる出資者である親会社を示しています。このように、ネットワークキャリアの子会社であるＬＣＣが多

**表3　エアアジアのビジネスモデル**

| |
|---|
| ・ネットワーク：2地点間 |
| ・チケット販売：インターネット販売率　77％（2010年） |
| ・ノーフリル：　食事・飲料の有料提供、機内娯楽設備なし、マイレージなし、空港ラウンジなし |
| ・座席：1クラス |
| ・単一航空機材：A320 |
| ・25分の折り返し時間 |
| ・ボーディングブリッジ不使用 |
| ・ローコストターミナル使用 |
| ・運航距離：ハブ空港から4時間以内 |
| ・合併会社設立によるネットワーク拡大 |

いのがアジアの特徴です。

アジア域内で最も成長著しいのはマレーシアのエアアジアで、表3がそのビジネスモデルです。その大きな特徴の一つが合弁会社によるネットワーク拡大です。なぜ、合弁会社を他国に設立しているのでしょうか。実は、ASEAN単一航空市場では考慮されていない第七、第八、第九の自由を、合弁会社によって実現しているのです。エアアジアは、二〇〇四年にタイとインドネシアに、それぞれ合弁会社としてタイ・エアアジアとインドネシア・エアアジアを設立しました。それにより、バンコクとジャカルタをハブとしたマレーシア以外の他国間輸送（第七の自由）と、タイとインドネシアの国内輸送（カボタージュ）をしています。

両社はエアアジアとはレターコードも異なりますが、ウェブサイトからチケットを予約する際、それを意識することは全くなく単にエアアジアとして予約できます。二〇一〇年に入り、エアアジアはベトナム地元航空会社のVietJet Airに資本の三〇％を出資し、VietJet AirAsiaを設立しました。そして、日本でもエアアジア・ジャパン（AirAsia Japan）が、全日空との合弁で二〇一二年から運航開始の予定です。

エアアジアと同様に、豪州のジェットスターも二〇〇八年にベトナムのパシフィック航空（Pacific Airlines）に出資し、ジェットスター・パシフィック（Jetstar Pacific）が設立されました。現在、ホーチミンシティをハブとして、ベトナム国内線を運航しています。さらにタイガー航空も、豪州にTiger Airways Australiaを二〇〇七年に設立し、国内線を運航しています。ジェットスターと日本航空との合弁で、ジェットスター・ジャパン（Jetstar Japan）が二〇一二年から運航開始される予定にもなっています。

アジア太平洋のＬＣＣ大手と言える二社が、日本の大手ネットワークキャリア二社とそれぞれ手を組んで日本に進出することになりました。これによって、日本の国内市場、さらに日本を取り巻くアジア近距離市場が大きく変わる可能性があります。例えばタイの場合、国内線は二〇〇三年までタイ航空がほぼ独占していました。しかし、タイ国内にＬＣＣ三社が参入した二〇〇四年以降、特にタイ・エアアジアのシェアが伸びており、路線によっては旅客数がタイ航空よりもタイ・エアアジアのほうが多くなっています。タイ航空は利益率の低い国内線よりも、国際線に軸足を移しています。日本の大手二社が、自ら出資するＬＣＣ合弁会社とどのように共存していくのか、非常に興味深いところです。

## セカンダリー空港の活用

サウスウエスト航空のＬＣＣオリジナルモデル（表２）の一つに、セカンダリー空港の積極的活用があります。ＬＣＣがセカンダリー空港を利用する理由は主に三つあります。一つ目は大規模な母都市のある空港であること、つまり都心までの距離は離れていても需要の大きな都市の周囲に位置していることです。多くのセカンダリー空港を活用しているライアンエアはこの点を徹底しています。

二つ目は定時性確保のための混雑回避です。米国の主要空港は混雑による常態的な遅延が深刻な問題となっており、それを回避して定時性を維持するためにセカンダリー空港を利用しています。サウスウエスト航空は特にこの理由を重視しています。

三つ目は、わが国ではよく指摘されている空港使用料の減免です。しかし、実はこれは必ずしも一番の理由ではありません。欧州のＬＣＣを対象とした空港選択要因についての論文（Warnok-

**表４　主たるLCCとネットワークキャリアの座席キロ当たり費用格差（2004年）**

| | Total US Cents / ASK | Labour | Aircraft and Fuel | Infrastructure | Product, Distribution, Overhead | Seat Density Adjustment |
|---|---|---|---|---|---|---|
| US Network Airlines Top 3 Average | 7.0 | | | | | |
| Southwest Airlines | 4.2 | -0.2 | -0.7 | -0.4 | -1.1 | -0.4 |
| JetBlue | 4.9 | -0.1 | -0.5 | -0.4 | -0.7 | -0.4 |
| Euro Network Airlines Top 3 Average | 11.8 | | | | | |
| Ryanair | 3.8 | -0.5 | -1.5 | -2.3 | -2.6 | -1.1 |
| easyJet | 6.4 | -0.2 | -0.9 | -0.9 | -2.3 | -1.1 |
| Asian Network Airlines Average | 5.9 | | | | | |
| AirAsia | 1.9 | -0.4 | -1.2 | -1.4 | -1.0 | 0.0 |

（注）１　ASK（Available Seat Kilometers）は有効座席キロの略
　　　２　欧州の数値はEuro Cents/ASK
（出典）IATA（2006）より筆者作成

smith and Potter, 2005）によると、空港使用料の減免の重要性は四番目と決して高くなく、最も重要なのは、都市の高需要であると指摘しています。

　そのような指摘があるものの、ＬＣＣとネットワークキャリアの座席当たり費用を比較したＩＡＴＡのレポート（IATA, 2006）によると（表４）、二〇〇四年時点の両者の費用格差は、営業販売費用（Product, Distribution, Overhead）と並んで空港使用料（Infrastructure）が大きくなっています。注意しなければならないのは、ＬＣＣもネットワークキャリアも同じ滑走路を使用しますので、着陸料の差別化はできないことです。着陸料以外の空港使用料に費用格差があるのです。

サウスウエスト航空とイージージェット（easyJet）は営業販売費用に差がある一方、空港使用料に大きな差はありません。その一方、ライアンエアとエアアジアは空港使用料に大きな差があります。ライアンエアの場合、明らかにセカンダリー空港を徹底して使っていることが理由です。エアアジアについては、クアラルンプール空港のローコストターミナルがオープンする前のことですが、それでも空港使用料に差があります。拠点空港の使用料が費用の差になっているのです。なお人件費については、ネットワークキャリアの人件費削減努力により格差が小さくなっています。

どのＬＣＣがセカンダリー空港を使っているのか二〇〇八年に調査したことがあります。世界の主たるＬＣＣを対象に、ルート数を指標として、各ＬＣＣの拠点空港をセカンダリー空港とプライマリー空港で分類しました。その結果、セカンダリー空港を積極的に利用しているのは、サウスウエスト航空とライアンエアだけだったことがわかりました。決して多くのＬＣＣの標準的なビジネスモデルではないのです。ただし、この二社は世界の代表的ＬＣＣのため、セカンダリー空港の活用が国際的にも認知されてきたのです。

## ローコストターミナルの登場と意義

アジアの空港の多くは、米国や欧州の大空港と比べれば、混雑は決して激しくありません。羽田や成田、さらに北京と香港も混雑しているもののそれらは例外的で、先行投資して大規模な容量を持つ空港を建設しています。また、日本の空港を除き、空港使用料も決して高額ではありません。従って、LCCがセカンダリー空港を利用する必然性は、アジアの場合一部を除きあまりないと言えます。

二〇〇六年、クアラルンプール空港とシンガポール空港で、相次いでローコストターミナルが新規オープンしました。エアアジアがクアラルンプール空港のローコストターミナルを拠点として使い始めたことにより、セカンダリー空港に代わってローコストターミナルが脚光を浴び始めました。世界のローコストターミナルを表5にまとめています。マレーシアとシンガポール以外にも、世界各地にローコストターミナルがあります。ローコストターミナルは、最低限の装飾、簡素で廉価なターミナルビル素材、高密度空間（旅客一人当たりのスペース小）、ゲート別に分けない共通待合室、一階建て、ボーディングブリッジ不使用などの特徴を持っています（CAPA, 2009: de Neufville, 2008）。

クアラルンプール空港ではローコストターミナルが離れた位置に建設されました（図5）。メインターミナルとローコストターミナルの間は空港内から移動できず、空港周囲の道路からタクシーやバスを使って約二〇分かかります。しかし、現在のローコストターミナルを貨物専用ターミナル

**表5　世界のローコストターミナル**

| Low Cost Terminal | Country | Opening Year | Main LCCs Operating | Description |
|---|---|---|---|---|
| Terminal 2 in Tampere Pirkkala Airport | Finland | 2003 | **Ryanair**, Wizz Air | Conversion of cargo terminal |
| Terminal 1 in Budapest Ferihegy Airport | Hungary | 2005 | **Wizz Air**, Ryanair, easyJet, Norwegian Air Shuttle, Germanwings, Jet2.com | Refurbished old terminal |
| Pier H & M in Schiphol Airport | Netherlands | 2005 | **easyJet**, bmibaby, Flybe, Jet2.com, Air Berlin | Piers off existing terminal |
| Concourse A/B in Baltimore Airport | USA | 2005 | **Southwest**, JetBlue | Renovation and extension of old concourse |
| Terminal 2 in Marseille Provence Airport | France | 2006 | **Ryanair**, Jet4you, Germanwings, easyJet, Pegasus Airlines | Conversion of cargo terminal |
| Terminal 2 in Milan Malpensa Airport | Italy | 2006 | **easyJet**, Germanwings | Refurbished old terminal |
| Low Cost Carriers Terminal in Kuala Lumpur Airport | Malaysia | 2006 | **AirAsia, AirAsia X**, Lion Air, Tiger Airways | Newly built terminal |
| Budget Terminal in Changi Airport | Singapore | 2006 | **Tiger Airways**, Cebu Pacific, firefly, Berjaya Air | Newly built terminal |
| Terminal 3 in Lyon Saint Exupery Airport | France | 2008 | **easyJet**, Transavia France | Conversion of old passenger terminal |
| Terminal 5 in John F. Kennedy Airport | USA | 2008 | **JetBlue** | Newly built terminal focusing on old TWA terminal |
| Budget Terminal in Zhengzhou Airport | China | 2008 | **Shenzen Airlines**, Spring Airlines | Renovated temporary international hall |
| Bordeaux Illico in Bordeaux Airport | France | 2010 | **easyJet**, bmibaby, Flybe, Jet2.com, Ryanair, Norwegian Air Shuttle | Reopening a part of old terminal and the addition of new modularly extendable low-cost pier |

（出典）Hanaoka and Saraswati（2011）

**図5　クアラルンプール空港のターミナル位置**

（出典）Malaysia Airports Holdings Berhad から提供

とし、メインターミナルの正面に新しいローコストターミナルを建設する計画があります。これが完成すれば、メインターミナルとローコストターミナルの乗り継ぎも便利になり、メインターミナル前にある都心へのアクセス鉄道を利用しやすくなります。クアラルンプール空港を利用する全旅客数の中で、エアアジアの旅客数が年々増加しており、大きなシェアを占めつつあります。エアアジアがクアラルンプール空港を牽引する立場になっていることも、ローコストターミナルを便利なところに移動する一つの理由です。新ローコストターミナルの旅客容量は三〇〇〇万人であり、規模の大きなターミナルとなる予定です。

　ローコストターミナルは、セカンダリー空港の代替的な役割を持っています。表6は、マレーシア本

表6　エアアジア各社の費用構造

| 2010年度第4四半期決算費用<br>有償座席当たり費用［米セント］ | MAA | TAA | IAA |
|---|---|---|---|
| Staff Costs | 0.41 | 0.42 | 0.32 |
| Fuel and Oil | 1.67 | 1.66 | 1.47 |
| User Charges and Station Expenses | 0.29 | 0.53 | 0.39 |
| Maintenance and Overhaul | 0.06 | 0.39 | 0.27 |
| Aircraft related cost | 0.09 | 0.88 | 0.77 |
| Depreciation & Amortisation | 0.63 | 0.06 | 0.02 |
| Others | 0.30 | 0.23 | 0.14 |
| Sales & Marketing | 0.16 | 0.19 | 0.16 |
| **Total Cost / ASK** | **3.62** | **4.35** | **3.55** |

（注）　MAA：マレーシア・エアアジア、TAA：タイ・エアアジア、IAA：インドネシア・エアアジア
（出典）AirAsia（2011）

家のエアアジアとタイ・エアアジア、インドネシア・エアアジアの費用構造を最新のデータで比較したものです。エアアジアはUser Charges and Station Expenses、つまり空港使用料が圧倒的に低く、タイ・エアアジアのほぼ半分です。タイ・エアアジアの場合、バンコクのスワンナプーム空港を拠点としており、空港使用料は決して低くありません。エアアジアの合弁会社の中でも、こうした費用格差が明確に出ています。

ローコストターミナルの整備には論点が二つあります。一つは、ローコストターミナルを拠点とするLCCが必要なことです。表5に示したローコストターミナルには、そこを拠点とするLCC（太字表示）が存在します。ローコストターミナルを拠点とするLCCがいなければ、敢えて新たにローコスト

ターミナルを建設する必然性は小さいと言えます。ＬＣＣを誘致する際には、一目的地としての誘致ではなく、拠点空港として利用するＬＣＣの誘致が必要なのです。二〇一一年九月現在、成田空港、関西空港は、共にローコストターミナルの建設計画を表明しています。日本に新規ＬＣＣが登場することで、両空港のローコストターミナルを拠点とする可能性が大きいと言われています。

もう一つの論点は、ＬＣＣの参入が空港の収益につながるかどうかは未知数であることです。ローコストターミナルでは、各種空港使用料を割引もしくは無料とし、ＬＣＣの支払う空港使用料低減に貢献していることは先述しました。よって、航空会社からの収入は多くを望めません。航空系収入を非航空系収入で補完する空港運営スキームが求められます。ＬＣＣ利用客も、空港で食事やショッピングを楽しみます。ＬＣＣは機内食が有料なことが多いので、むしろ空港での飲食の消費は多いとも言われています。非航空系事業を生かす空港経営が求められるのは、この点にあるのです。

## エアアジアＸの戦略

二〇一〇年一二月、エアアジアＸ（AirAsia X）が羽田空港で運航を始めました。羽田空港国際化のインパクトの一つとして大きな注目を浴びました。その直前、エアアジアＸのＣＥＯであるオスマンラニ氏に直接インタビューする機会を持ちました。以下、その概要を紹介します。

長距離ＬＣＣとして就航空港の選択基準、これが一番興味のあるところだと思います。これについては、まずはネットワークだと明言されました。ロンドンのスタンステッド空港に乗り入れた理由は、そこがライアンエアの最大の拠点空港だからです。自社のネットワークでなくとも、ＬＣＣのネットワークがあれば良いという考え方です。エアアジアＸでスタンステッド空港に行き、欧州の他地域へはライアンエアを使ってほしいと期待しているのです。

実際に、マレーシアからロンドンへのアウトバウンド客の七割がスタンステッド空港で乗り継ぐそうです。また、オーストラリアのゴールドコーストやブリスベンにも乗り入れており、その旅客の内訳は、オーストラリアからマレーシアに来るインバウンドが約五割です。そのうちの七割が、クアラルンプール空港のローコストターミナルで乗り継いでいるそうです。つまり、多くのインバウンド旅客の目的地はクアラルンプールではないのです。オスマンラニ氏も、「クアラルンプールは観光地としてあまり魅力的な所がない。バンコクやシンガポールに乗り継ぐ旅客が多い」と話していました。

羽田空港への乗り入れについては、日本の国内ネットワークが魅力的とのことでした。そこで、羽田空港の空港使用料は決して低くないので、成田空港がローコストターミナルを建設し、廉価なターミナル使用料を設定したら成田空港への乗り入れを検討しますか、と質問しました。もちろんそれは検討に値するが、長距離輸送の場合、空港使用料は費用全体に占める割合は小さいから、あまり重要ではないとのことでした。

エアアジアXは長距離LCCであり、表2に示したLCCのビジネスモデルの特徴を十分に生かすことは難しいと言われています。その点を質問したところ、費用削減の大きな要因は機材の高稼働率であり、平均して一日一七時間から一八時間使用し、ほとんど休ませていないそうです。多くのフライトが機内泊前提となっているので実現できるのだと思います。長距離LCCであっても最短折り返し時間は重要であり、どの空港でも実現したいと話していました。長距離路線では、収益の高いビジネス旅客を重視するネットワークキャリアにとって、出発時刻は非常に重要な要因です。しかし、エアアジアXはそのように考えておらず、朝四時発でも問題ないとのことです。短距離のエアアジアと同じ発想であり、この点は一貫しています。出発・到着時刻を気にせずに、機材の高稼働率を優先して費用削減につなげています。

日本の旅客に対しても、クアラルンプールでの乗継需要を期待しています。先述のとおり、クアラルンプールは魅力が不足しているとし、乗り継ぎを含めたプロモーションが重要との認識です。日本には今後、三空港前後は乗り入れたいそうです。ただし、認知度を大変重視しています。エアアジアXの日本での認知度が広がってから、次の行動に移したいとのことです。

## 3　日本の空港経営

### 空港運営のあり方

日本の空港経営が大きな転換期を迎えています。二〇一〇年五月、国土交通省が成長戦略会議の報告書をまとめ、航空分野についても六つの戦略が提示されました（国土交通省、二〇一〇）。

戦略1　日本の空を世界へ、アジアへ開く（徹底的なオープンスカイの推進）
戦略2　首都圏の都市間競争力アップにつながる羽田・成田強化
戦略3　「民間の知恵と資金」を活用した空港経営の抜本的効率化
戦略4　バランスシート改善による関空の積極的強化
戦略5　真に必要な航空ネットワークの維持
戦略6　ＬＣＣ参入促進による利用者メリット拡大

戦略3に対応するため、二〇一〇年一二月に「空港運営のあり方に関する検討会」が設置されました。私も委員を務めました。検討会の主な内容は国管理空港を対象とした空港運営形態の見直しであり、空港管理者の経営一体化や民間への経営委託手法について議論しました。二〇一一年の七月末に検討会の結論をまとめた報告書が公表されています。

この委員会の議論の背景は、国管理空港（二八空港）と地方自治体管理空港（六七空港）において、滑走路・誘導路・エプロンなどの基本施設部分とターミナルビル部分の管理者が別々なことにあります。前者の基本施設は航空系事業とも呼ばれており、国管理空港では国土交通省が管理者です。主な収入源は着陸料になります。一方、後者のターミナルビルは第三セクター（羽田空港のみ民間会社）によって管理されており、非航空系事業を行っています。テナント料や物販・飲食の直販などの様々な収入源があります。成田空港、関西空港、中部空港は基本施設部分とターミナル部分が、空港会社によって一体運用されています。こちらが世界標準であり、別々に運用されているのは特殊な環境にあると言え、上下分離とも言われています。

このような航空系と非航空系事業の経営分離により、例えば着陸料の低廉化による収入減を、非航空系事業の活性化によって補完することができません。着陸料の低廉化が運航便増を促し、それが利用旅客の増加につながり、最終的に非航空系事業の収入増へと好循環が期待できるのは、空港が一体運用されていることが条件となります。現在の経営分離の状況では、空港全体としての経営効率化のインセンティブが働かないのです。

この検討会での重要な結論の一つは、民間資金の導入手法として、改正ＰＦＩ法に基づき「コンセッション＝運営委託」を主たる手法としたことです。具体的には、次のようにまとめられました。「本検討会としては、土地（場合によっては空港基本施設（滑走路、エプロン等）を含む。）の所有権については引き続き国に残し、改正ＰＦＩ法に基づき、航空系事業と非航空系事業を一体的に運営する権利（公共施設等運営権）を民間の空港運営主体へ付与する、いわゆる「コンセッション＝運営委託」方式を主たる手法として想定することとする。これにより、国は土地等の所有者としての立場から、適切な空港運営主体の選択ないし不適切な者の排除、あるいは運営委託後に遵守すべきルールの設定等に関与する合理的根拠を得ることができることとなる」（空港運営のあり方に関する検討会、二〇一一）。

また表７のとおり、空港経営改革の実行プロセス案が示されました。地方自治体管理空港の扱いなどの具体的な議論はされておらず、今後の課題は山積みですが、民間資金導入手法とそのプロセスが示されたことは一定の成果であると言えます。

なお関西空港と伊丹空港については、先行して二〇一一年五月に基本施設部分の経営統合が決定

**表 7　空港経営改革の進め方**

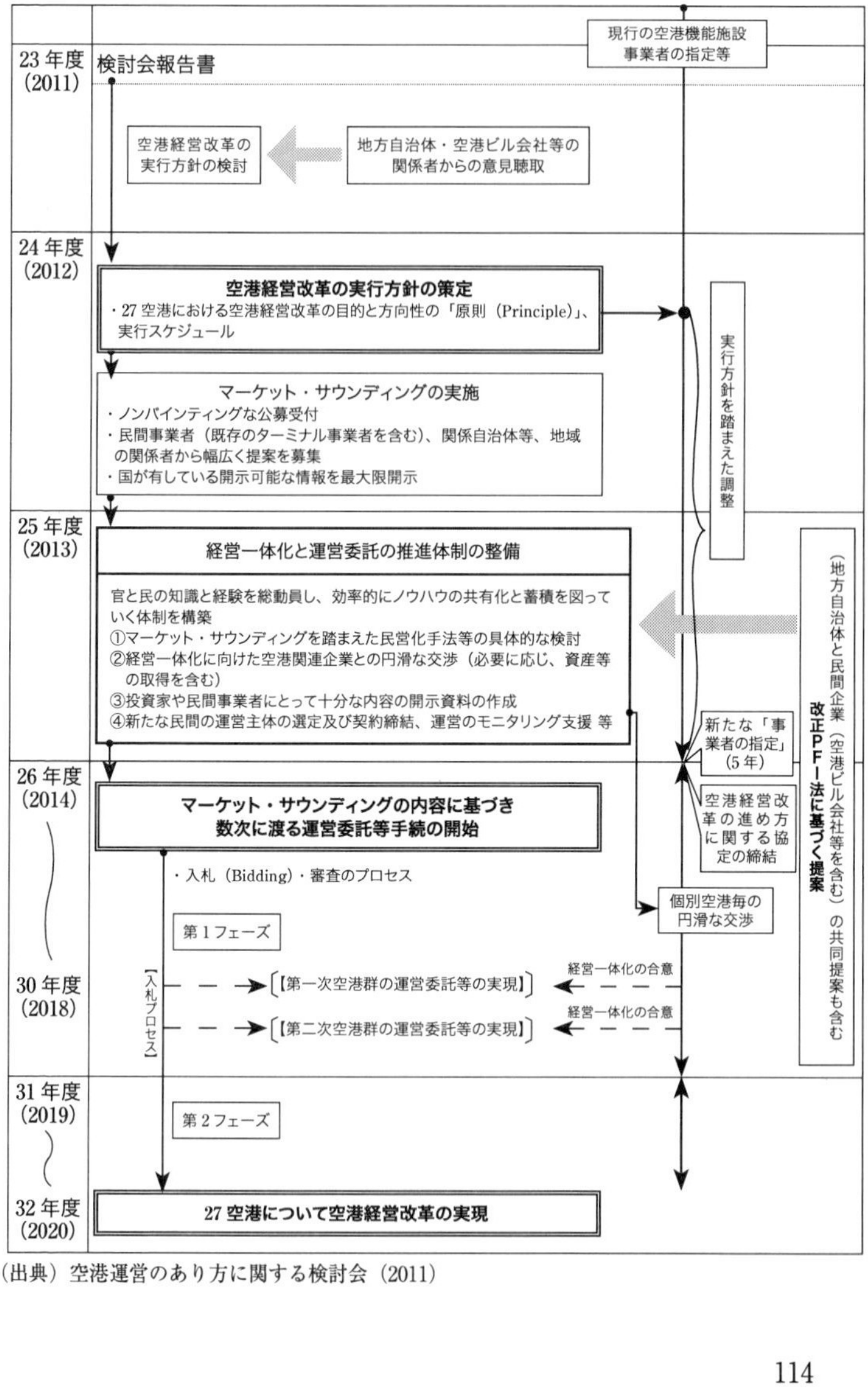
現行の空港機能施設事業者の指定等
23 年度 (2011)
検討会報告書
空港経営改革の実行方針の検討
地方自治体・空港ビル会社等の関係者からの意見聴取
24 年度 (2012)
空港経営改革の実行方針の策定
・27 空港における空港経営改革の目的と方向性の「原則（Principle）」、実行スケジュール
マーケット・サウンディングの実施
・ノンバインティングな公募受付
・民間事業者（既存のターミナル事業者を含む）、関係自治体等、地域の関係者から幅広く提案を募集
・国が有している開示可能な情報を最大限開示
実行方針を踏まえた調整
25 年度 (2013)
経営一体化と運営委託の推進体制の整備
官と民の知識と経験を総動員し、効率的にノウハウの共有化と蓄積を図っていく体制を構築
①マーケット・サウンディングを踏まえた民営化手法等の具体的な検討
②経営一体化に向けた空港関連企業との円滑な交渉（必要に応じ、資産等の取得を含む）
③投資家や民間事業者にとって十分な内容の開示資料の作成
④新たな民間の運営主体の選定及び契約締結、運営のモニタリング支援 等
改正ＰＦＩ法に基づく提案（地方自治体と民間企業（空港ビル会社等を含む）の共同提案も含む
新たな「事業者の指定」（5 年）
26 年度 (2014)
マーケット・サウンディングの内容に基づき数次に渡る運営委託等手続の開始
空港経営改革の進め方に関する協定の締結
・入札（Bidding）・審査のプロセス
個別空港毎の円滑な交渉
第 1 フェーズ
30 年度 (2018)
【入札プロセス】
【第一次空港群の運営委託等の実現】
経営一体化の合意
【第二次空港群の運営委託等の実現】
経営一体化の合意
31 年度 (2019)
第 2 フェーズ
32 年度 (2020)
27 空港について空港経営改革の実現

（出典）空港運営のあり方に関する検討会（2011）

**表8　日本への海外ＬＣＣ就航状況**

| | |
|---|---|
| AirAsia X | 羽田 = クアラルンプール |
| Jetstar Airways | 成田，関西 = ケアンズ，ゴールドコースト |
| Jetstar Asia Airways | 関西 = 台北，シンガポール |
| Jeju Air | 関西，中部，北九州 = ソウル（仁川，金浦），済州 |
| Air Busan | 成田，関西，福岡 = 釜山 |
| Jin Air | 新千歳 = ソウル（仁川） |
| Easter Jet | 成田，新千歳 = ソウル（仁川） |
| Cebu Pacific | 関西 = マニラ |
| 春秋航空 | 茨城（C），高松（C）= 上海（浦東） |

*(C) はチャーター便

しました。しかし、残念ながら、二〇一一年九月現在、伊丹空港のターミナルビル会社の統合については決まっておりません。伊丹空港のターミナルビル会社は大きな収益を上げ続けていることから、経営統合に躊躇しているものと推察されます。伊丹のターミナルビル会社を統合できるかどうかが、関西空港と伊丹空港の経営統合の成否の鍵になると思います。

## 日本における LCC の役割

日本に乗り入れる海外ＬＣＣが急激に増えています。二〇一一年九月現在、乗り入れているＬＣＣとその路線を表8に示します。二〇一一年に入ってからも、新千歳空港に韓国ＬＣＣの Jin Air と Easter Jet が乗り入れ、成田空港にも Air Busan と Easter Jet が参入しました。関西空港では、既に海外ＬＣＣ五社が運航しています。ようやく日本でもＬＣＣが増えてきたのです。

中国の春秋航空が、チャーター便ではありますが、茨城空港と高松空港に乗り入れています。地方空港にとって、国内外のＬＣＣの誘致は生き残り策として重要になります。ただし、海外ＬＣＣが数多く乗り入れても数路線に限られます。重要なのは、その空港をハブとする国内ＬＣＣが出てくるかどうかになります。将来、日本で第七、第八、第九の自由が実現すれば、海外ＬＣＣが日本の空港を拠点とすることもあり得ますが、しばらくはないでしょう。

国際線需要、特にインバウンドは今後も順調に増えると予測されているものの、国内線は首都圏でさえも減少と予測されています。新規ＬＣＣがどれだけ活躍するかが、国内航空需要の生命線になるかもしれません。空港と航空会社が協力していく関係が、これからますます重要になります。国際的にも、航空会社と空港の協力関係がかつてないほど重視されるようになっています。

## 空港運営における今後の「一体化」

図6に様々な「一体化」の概念図を示しました。「空港運営のあり方に関する検討会」で議論した一体化とは、基本施設とターミナルビルの一体化です。しかし、これからは航空会社を含めた「緩やかな一体化」が求められます。これは、何も航空会社と空港会社の資本を一体化することま

図6　空港経営における様々な一体化

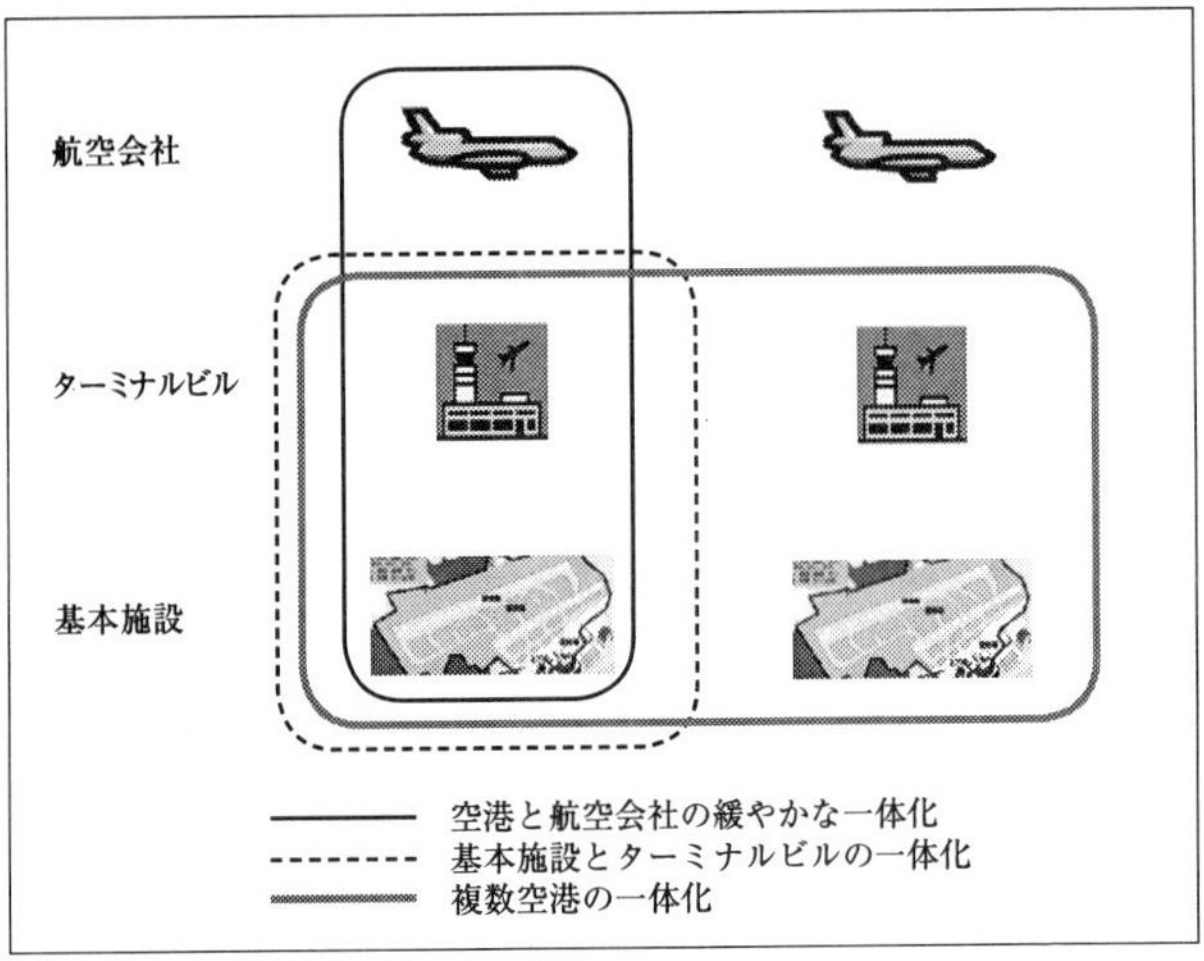


では求めていません。長期契約という形で一体化するような、強力な協力関係のことです。例えば私のインタビューによると、フランクフルト郊外にあるHahn空港はライアンエアと二〇年以上の長期契約を結んでいます。航空会社と地方空港の双方にとってメリットのある一体化が、いまこそ必要なのです。

さらに、単独で十分に経営が成立する空港は限られていますので、複数の空港間を一体化していく考えも必要です。国管理空港と地方自治体管理空港という現状の枠組みを超えて複数空港間の一体化を考えなくては、多くの地方自治体管理空港が取り残されてしまう可能性があります。

## 4　まとめ

### ――オープンスカイと空港経営

現在進められているオープンスカイの推進と、近い将来実現する首都圏空港の発着枠増加に伴い、いままで日本の空の課題とされてきた航空会社の参入制限も空港の容量制限も解消します。日本でもようやく、どの航空会社も自由にどの空港（羽田空港除く）にも乗り入れることが可能となるのです。これにより、アジアを中心としたインバウンド航空需要は確実に増えます。アジアの新興国は、経済動向により波はあるものの、中長期的に順調に経済成長すると予想されています。航空需要は経済成長に比例しますし、日本は観光地として大きなポテンシャルを持っていることから、アジアからのインバウンド航空需要増加は間違いないと思います。日本の観光潜在力をいまこそ発揮していく必要があります。

ただし、ＬＣＣ市場は、北米が既にそうであるように、長期的には一定のシェアに落ち着くと予想されます。潜在航空需要が顕在化していく中で、アジアの中・高所得層からの支持をいかに得るかが、アジアのＬＣＣにとっての重要な課題になります。

オープンスカイの推進と制限のない空港容量は、航空会社による自由な選択を可能にします。航空会社が互いに運賃やサービスで競争することで、利用客に大きな便益がもたらされるでしょう。同時に、これは実力勝負の機会の提供になります。実力勝負は航空会社だけでなく、空港にも要求されます。国管理空港も一体化の実現により、独立した空港としての経営を考える必要が出てきます。大都市圏の空港は、国際線需要の獲得が重要です。一方、大都市圏以外の地方空港には、繰り返しになりますが、国内外のＬＣＣとの関係が鍵となるでしょう。

国内ＬＣＣには、ハイリスクと現在思われている路線への展開を期待しております。新しい路線の開拓こそが、ＬＣＣ成功の一つの重要な要因であるからです。ネットワークキャリアとは異なる路線展開をしていただきたいと思っております。同時に、航空会社と相互に発展できるような、自由度の高い空港経営の仕組みづくりも大切です。国管理空港の一体化に向けたプロセスはまだ議論の余地がありますので、望ましい方向に行くように私自身も協力していく所存です。

航空市場は典型的なグローバル市場の一つであり、市場の動きは早いです。迅速な決断と実行を続けていかないと、あっという間に日本が取り残されてしまう可能性があります。適切な意思決定を素早く行うことが今後ますます重要となるでしょう。

## 参考文献


アジア太平洋観光交流センター『世界観光統計資料集』（二〇〇二―二〇〇六年）、二〇〇八年。

イカロス出版『格安エアライン利用ガイド』二〇一〇年。

空港運営のあり方に関する検討会『空港経営改革の実現に向けて』（空港運営のあり方に関する検討会報告書）、二〇一一年。

国土交通省『国土交通省成長戦略』二〇一〇年。

「格安航空が来襲！」『週刊東洋経済』二〇一〇年八月七日号、二〇一〇年。

花岡伸也「アジアにおける航空自由化の進展とローコストキャリアの展開」『運輸と経済』、運輸調査局、第七〇巻第六号、二〇一〇年、四〇―四八頁。

Airports Council International (ACI): World Airport Traffic Report 2009, 2010.

AirAsia: Second Quarter 2010 Results, 2010.

Centre for Aviation (CAPA): Low Cost Airports and Terminals Report (2009 Update), 2009.

CEIC: CEIC Sector Database, http://www.ceicdata.com/, 2011.

de Neufville, R.: Low-cost airports for low-cost airlines: flexible design to manage the risks, Transportation Planning and Technology, Vol. 31, pp. 35-68, 2008.

Doganis, R.: The Airline Business in the Twenty-first Century, Routledge, 2001.

ERIA Study Team: ASEAN Strategic Transport Plan 2011-2015, ASEAN Secretariat and Economic

Research Institute for ASEAN and East Asia (ERIA), 2010.

Hanaoka, S. and Saraswati, B.: Low cost airport terminal locations and configurations, Journal of Air Transport Management, Vol.17, pp. 314–319, 2011.

IATA: Airline Cost Performance, IATA Economics Briefing No. 5, 2006.

Warnok-smith, D. and Potter, A.: An exploratory study into airport choice factors for European low-cost carriers, Journal of Air Transport Management, Vol. 11, pp. 388–392, 2005.

# あとがき

二〇一〇年春、国交省の成長戦略会議において、徹底的なオープンスカイの推進、首都圏の都市間競争力アップにつながる羽田・成田の強化や、民間の知恵と資金を活用した空港経営の効率化、バランスシート改善による関空の積極的強化などが提案されました。更に、一一年春には、関空と伊丹の経営統合が決定し、今後、運営権を譲渡するコンセッションも予定されています。国管理空港については「空港運営のあり方に関する検討会」で議論されてきましたが、地方管理空港に関しても、存続の可能性を探る時期に来ています。

わが国では、従来とは異なる空港経営の手法を「事業価値向上とPPPの実現」という観点から考慮する必要があります。本書では、多様な所有形態のもとで複数空港の一括運営や非航空収入の増大を重視しているイギリスの事例から、合理的な空港経営の手法について示唆を得ることができました。また、オープンスカイを進めているアジア経済圏において、航空会社がとるべき戦略や、空港会社が直面している課題も明らかになりました。LCCやセカンダリー空港の評価を中心として、わが国の航空政策と空港政策で採用すべき方針を見出すことができたと思います。

本書は二〇一一年六月二七日に、関西学院大学産業研究所の主催によって開催された講演会、「新しい空港経営の可能性—事業価値向上とＰＰＰの実現に向けて—」（大阪梅田キャンパス）において報告された内容をベースに編集したものです。共催していただきました（財）関西空港調査会と航空政策研究会、ならびに後援していただきました（財）兵庫地域政策研究機構に、厚くお礼を申し上げます。

イギリス・ウエストミンスター大学のアン・グラハム先生をはじめ、全日本空輸の篠辺修氏、東京工業大学の花岡伸也先生には、ご多忙なスケジュールの中、報告の準備から講演会の当日まで、ご協力をいただき、感謝しております。更に、テーマの設定など運営面では、日本大学の加藤一誠先生と国土交通省大阪航空局長の花角英世氏からご助言をいただきました。改めまして、謝意を表したいと思います。

末筆になりますが、本書は関西学院大学産業研究所の渋谷武弘氏、石田文子氏のご尽力と、関西学院大学出版会・田中直哉氏のご厚意で公刊することができました。お世話になりましたこと、心よりお礼申し上げます。

編者　野村　宗訓

**【執筆者紹介】**（執筆順）

**野村 宗訓**（のむら・むねのり）
関西学院大学経済学部教授

Anne Graham（アン・グラハム）
Reader, University of Westminster, UK
（イギリス ウエストミンスター大学准教授）

**篠辺　修**（しのべ・おさむ）
全日本空輸株式会社専務取締役

**花岡 伸也**（はなおか・しんや）
東京工業大学大学院准教授

産研レクチャー・シリーズ

# 新しい空港経営の可能性
## LCCの求める空港とは

---

2012年3月10日初版第一刷発行
2014年4月10日初版第二刷発行

編　著　野村宗訓

発　行　関西学院大学産業研究所

発　売　関西学院大学出版会
〒662-0891
兵庫県西宮市上ケ原一番町1-155
電　話　0798-53-7002

印　刷　石川特殊特急製本株式会社

---


Printed in Japan by Kwansei Gakuin University Press
ISBN 978-4-86283-106-4
乱丁・落丁本はお取り替えいたします。